SOMMAIRES

DE

LEÇONS DE SCIENCES, HYGIÈNE

ET

AGRICULTURE DU BESSIN

Par Ch. LAGRUE

Inspecteur de l'Enseignement primaire
Officier de l'Instruction publique

COURS MOYEN

Remettez en honneur le soc de la charrue,
Repeuplez la campagne aux dépens de la rue;
Grevez d'impôts la ville et dégrevez les champs,
Ayez moins de bourgeois et plus de paysans.

(Emile AUGIER).

PREMIÈRE ÉDITION

IMPRIMERIE DU JOURNAL DE BAYEUX
32, Rue Saint-Martin, 32

1897

SCIENCES PHYSIQUES & NATURELLES

HYGIÈNE & AGRICULTURE

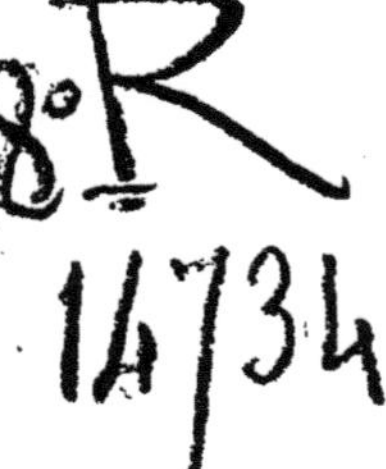

SOMMAIRES

DE

LEÇONS DE SCIENCES, HYGIÈNE

ET

AGRICULTURE DU BESSIN

Par Ch. LAGRUE

INSPECTEUR DE L'ENSEIGNEMENT PRIMAIRE
OFFICIER DE L'INSTRUCTION PUBLIQUE

COURS MOYEN

Remettez en honneur le soc de la charrue,
Repeuplez la campagne aux dépens de la rue;
Grevez d'impôts la ville et dégrevez les champs,
Ayez moins de bourgeois et plus de paysans.

(Emile AUGIER).

PREMIÈRE ÉDITION

IMPRIMERIE DU JOURNAL DE BAYEUX

32, Rue Saint-Martin, 32

1897

PRÉFACE

Science et art, l'agriculture est indispensable puisque c'est par elle que nous obtenons les végétaux et les animaux utiles le plus avantageusement possible : d'où la nécessité de s'y adonner. En France, 47 % de la population s'en occupent.

Les programmes en vigueur dans nos écoles primaires font une place à l'enseignement agricole ; ils comprennent « les éléments des sciences naturelles, physiques et mathématiques : leurs applications à l'agriculture et à l'hygiène. » Pour l'instruction primaire élémentaire, le décret du 18 janvier 1887, article 27, porte que « les leçons de choses et les premières notions scientifiques, principalement dans leur application à l'agriculture » seront enseignées.

Depuis un demi-siècle, les pouvoirs publics se sont intéressés à la question agricole.

Le décret-loi du 3 octobre 1848, art. 1er, est ainsi conçu : « L'enseignement professionnel de l'agriculture comprend : Au 1er degré, les fermes-écoles où l'on reçoit une instruction élémentaire pratique ; au 2e degré, les écoles régionales où l'instruction est, à la fois théorique et pratique ; au 3e degré, un Institut national agronomique qui est l'Ecole normale supérieure de l'agriculture. »

En ce qui concerne les écoles primaires, des notions agricoles n'ont commencé à être enseignées que sous le ministère Duruy.

L'institut national agronomique, établi d'abord à Versailles, a été supprimé en 1852. Il a été rétabli, à Paris, par la loi du 3 août 1876.

Les écoles régionales ou nationales, qui existent depuis assez longtemps, sont celles de Grignon, de Grandjouan et de Montpellier.

Enfin nous possédons près d'une cinquantaine d'écoles pratiques d'agriculture et de fermes-écoles ; la Normandie compte trois des premières ; elles sont installées à : Aumale (Seine-Inférieure), le Neubourg (Eure) et Coigny (Manche) ; les fermes-écoles nous sont inconnues.

La loi du 16 juin 1879 a créé dans chaque département une chaire d'agriculture dont le titulaire est chargé de leçons à l'école normale primaire et de conférences — dans diverses communes du département — aux instituteurs et agriculteurs de la région.

D'après le décret du 9 juin 1880, ces conférences agricoles sont au nombre de 26 au moins, par an ; les localités où elles ont lieu sont déterminées par le Préfet. Nous reproduirons ici quelques-uns des conseils donnés dans la circulaire ministérielle du 15 janvier 1881 ; bien qu'ils ne soient adressés qu'aux professeurs départementaux, les instituteurs peuvent et doivent s'en inspirer.

« Je vous recommanderai d'apporter une grande prudence dans les questions de théorie ; vous ne vous appuierez que sur des vérités bien reconnues et des principes nettement posés par la science. Je vous engage à recourir, plus qu'on ne l'a fait jusqu'ici, à la méthode des démonstrations pratiques ; autant que possible, vous devrez chercher à mettre l'exemple à côté du précepte. »

Dans l'instruction du 3 août 1881, il est dit à propos de l'enseignement agricole : « Il suffira d'un enseignement sobre et clair, appuyé sur la visite des fermes les mieux tenues du voisinage et sur de fréquentes applications, soit dans le jardin, soit dans le champ d'expérience de l'école. »

D'autre part, la circulaire ministérielle du 24 octobre 1895 s'exprime ainsi : « Il est nécessaire que le maître ne se borne pas aux seules leçons théoriques ; elles ne sauraient suffire ; elles ont besoin d'être complétées et éclairées par des démonstrations pratiques données sur le terrain, dans le champ d'expériences que la commune a pu mettre à la disposition de l'école, ou, à son défaut, dans le jardin de l'instituteur. Mais, dans tous les cas, l'instituteur a le devoir d'entreprendre avec ses élèves, le jeudi principalement, des visites dans les fermes et des études sur le terrain qui lui fournissent l'occasion de montrer l'application pratique des théories qu'il a développées en classe. »

Enfin, des directions récentes, celles du 4 janvier 1897, seront toujours consultées avec fruit ; en voici les principaux points :

« L'enseignement agricole ne peut consister uniquement dans l'étude et la récitation, par l'élève, d'un manuel d'agriculture, si bien conçu que soit ce manuel ; il faut nécessairement recourir à des expériences très simples et surtout à l'observation. . . . .

» Le règlement ne distingue pas entre les sciences physiques et naturelles d'une part, et l'agriculture d'autre part, et il n'y a pas lieu de réserver, pour chacune des semaines de l'année, l'une des deux heures, par exemple pour les sciences et le reste pour l'agriculture. La distribution des matières du double programme annexé à l'arrêté organique doit se faire en tenant compte des facilités offertes, par les saisons et la température, pour l'exécution des démonstrations. . . . .

» Les leçons comprendront nécessairement les connaissances appropriées à chaque groupe d'élèves et formeront une sorte d'enseignement *concentrique* dont chacun prendra une part proportionnelle à la portée ou au développement de son intelligence . . . .

» Les premières notions, relatives aux travaux et instruments usuels de culture, seront données d'abord dans les promenades qui serviront de préparation et de complément aux leçons faites en classe sur les animaux, les roches, les sols principaux du pays, sur les insectes et les plantes utiles ou nuisibles, les opérations essentielles de culture, le maniement des outils aratoires, l'épandage des engrais, les semailles, les récoltes, etc. . . . . »

N'oublions pas que, « en France, l'agriculture opère sur un capital de plus de cent milliards et que, les moin-

dres progrès de ses méthodes, les plus légers perfection-
nements de son outillage déterminent une augmentation
dans la production, qui se traduit, pour le pays, par un
accroissement immédiat de richesses de quelques centaines
de millions. » (Circulaire du 15 août 1887.)

La Société d'Agriculture de Bayeux offre des engrais ;
le professeur-directeur de la station agronomique se charge
de l'analyse, et des terrains, et des engrais. On peut donc,
ne fût-ce qu'à l'aide de pots ou de petites caisses, faire,
dans chaque commune, des expériences sur la culture de
telle ou telle plante de la région, avec du terrain prélevé
sur tel ou tel point de la localité et faire constater aux intéressés les résultats obtenus.

Nous aurons résumé la législation qui régit cette matière
en rappelant les arrêtés des 16 janvier 1890, 30 janvier 1891
et 31 juillet 1897 ; le premier attribue des récompenses
honorifiques, avec primes variant de 100 à 300 francs, aux
maîtres qui obtiennent le plus de succès ; le second divise
la France en quatre régions dont les instituteurs sont appelés annuellement et successivement à participer à ces
récompenses ; le Calvados, qui appartient à la 3e région, a
commencé en 1893 et continuera en 1897, en 1901, etc. ;
le troisième ajoute, aux épreuves écrites de l'examen du
certificat d'études primaires, une ou plusieurs questions
d'agriculture pour les aspirants appartenant aux écoles
rurales.

Les lignes qui précèdent indiquent la marche à suivre
dans l'enseignement agricole ; elles prouvent, en outre,
quelle importance le Gouvernement attache à cet enseignement.

De son côté, la Société d'Agriculture de Bayeux fait tout
ce qu'elle peut, dans le Bessin, pour la propagation des
bonnes méthodes et des meilleurs procédés de culture, en
envoyant gratuitement son bulletin mensuel aux instituteurs et aux institutrices ; de plus, elle encourage les maîtres
et les élèves les plus méritants, en les récompensant dans
ses concours annuels.

Aussi, en terminant, adressons-nous à cette Société, et à son actif et dévoué Président, tous nos remerciements pour l'œuvre utile dont ils sont les apôtres, et pour l'intérêt qu'ils ont pris à la publication de ce modeste ouvrage ; merci, également, à ceux des membres du personnel qui nous ont fourni les renseignements nécessaires à la rédaction de ces leçons.

CH. LAGRUE.

SCIENCES PHYSIQUES & NATURELLES

HYGIÈNE ET AGRICULTURE

OCTOBRE

PREMIÈRE LEÇON

LES TROIS ÉTATS DES CORPS

Les soixante-dix corps simples, environ, qui sont connus et qui forment, soit isolément, soit en se combinant entre eux, les minéraux et les tissus des végétaux et des animaux existant, se présentent à nous sous l'une des trois formes: *solide*, comme le *fer*, le *soufre;* *liquide*, comme *l'eau* qui est une combinaison de deux gaz, l'oxygène et l'hydrogène ; *gazeuse*, comme *l'air atmosphérique*, mélange d'azote et d'oxygène.

Un certain nombre de ces corps, ainsi que quelques-uns de leurs composés, sont indispensables en agriculture pour assurer le développement des plantes dont ils constituent les éléments ; ce sont principalement *l'azote, l'acide phosphorique, la potasse et la chaux*.

Comme, avec la *chaleur* et la *lumière, l'air* et *l'eau* ne sont pas moins nécessaires, nous pouvons y ajouter *l'oxygène* et *l'hydrogène*. Enfin, le *carbone*, le *soufre*, le *chlore*, la *silice*, le *fer*, le *manganèse*, la *magnésie* et la *soude*, qui ne viennent qu'en seconde ligne, ont aussi leur importance. Tous ces principes sont absorbés, soit dans l'air, par les feuilles des végétaux, soit dans le sol, par leurs racines.

L'abaissement et l'élévévation de la température amènent fréquemment des changement dans l'état des
corps : ainsi l'eau se solidifie lorsqu'il fait froid, et se
transforme en vapeur lorsqu'on la fait bouillir. Le
soufre, qui est d'ordinaire à l'état solide, fond à une
certaine température ; en brûlant, il s'unit à l'oxygène
de l'air et produit un gaz, l'acide sulfureux.

*Expériences : 1° Plonger dans l'eau un verre ou un
entonnoir renversés, en bouchant tout d'abord l'extrémité
de ce dernier avec le pouce ; si l'on penche le verre, on en
voit sortir les bulles d'air, de même que l'on sent cet air
lorsqu'il s'échappe de l'entonnoir débouché. — 2° Conden-
ser de la vapeur d'eau sur une assiette ou sur une sou-
coupe placées au-dessus d'un vase qui contient de l'eau
en ébullition ; cette vapeur se transforme en eau distillée.*

DEUXIÈME LEÇON

L'AIR ATMOSPHÉRIQUE, LE BAROMÈTRE

SOMMAIRE : Composition de *l'air* (mélange de 4/5 *d'azote* et de
1/5 *d'oxygène*, plus quelques traces d'acide carbonique (3 à 4 dix-
millièmes) et de vapeur d'eau ; sa densité, 1 gramme 3 ; rôle, dans
l'air, et propriétés de l'oxygène et de l'azote ; épaisseur de l'atmosphère ; pression atmosphérique ; le *baromètre* ; son usage ; hauteur
normale de la colonne barométrique. — Le vent.

L'oxygène que *l'air* renferme entretient la respiration
et conséquemment la vie. L'air que nous respirons doit
toujours être maintenu pur. Nos appartements seront
aérés, ventilés, désinfectés à l'occasion.
L'azote, rendu assimilable, est l'un des élémens
absolument nécessaires aux animaux et aux végétaux.
L'air est indispensable, aussi bien aux racines qu'à
la partie aérienne des plantes : d'où l'urgence, en agriculture, des labours, hersages, binages qui permettent
à l'air de pénétrer dans le sol.

*Expériences prouvant la pression atmosphérique :
1° Placer un œuf dur dont on a enlevé la coquille sur le
goulot d'une carafe vide, dans laquelle, on a mis, préa-*

lablement, un fragment de papier enflammé : l'œuf entrera dans le goulot. — 2° Remplir complètement un verre avec de l'eau et appliquer une feuille de papier à la surface ; on peut maintenir le verre retourné sans que le liquide s'écoule.

(La construction des pompes aspirantes, celle du baromètre, l'emploi des ventouses, le siphon reposent sur la pression atmosphérique.)

3° Le gaz vivifiant de l'air étant l'oxygène, lorsque ce gaz fait défaut dans un milieu, une bougie allumée s'y éteint : mettre un bout très court de chandelle ou de bougie sur une assiette dont le fond contient un peu d'eau ; l'allumer et le recouvrir d'un verre, bientôt la flamme s'éteint et l'eau, à cause de la pression, monte dans le verre et y occupe à peu près le même volume que l'oxygène, soit 1/5 environ. — 4° Faire connaître l'usage du siphon à l'aide d'un tube de verre coudé ou de deux tiges de paille, dont l'une avec nœud, ajustées. Se servir à la rigueur d'une bande de papier buvard formant plusieurs doubles et tordue, bien que ce soit ici la capillarité qui détermine l'ascension du liquide.

5° Pour obtenir de l'oxygène faire l'expérience indiquée 49° leçon, 1°.

TROISIÈME LEÇON

LA LUMIÈRE & LA CHALEUR ; LE THERMOMÈTRE

La *lumière* et la *chaleur* naturelles sont des agents qui proviennent du soleil et qui sont de toute nécessité aux êtres organisés. C'est sous l'influence des rayons solaires que les parties vertes des végétaux décomposent l'acide carbonique de l'air, s'assimilent le carbone qui les nourrit et les accroît, et mettent en liberté l'oxygène que nous consommons.

Privées de *lumière*, les plantes s'étiolent et les pousses restent blanches, ainsi qu'on le voit par les pommes de terre, oignons, navets qui végètent quelque peu à la fin de l'hiver dans les caves où on les conserve.

C'est d'ailleurs en entourant d'un lien le céleri, les chicorées, scaroles que l'on obtient, par la suppression voulue de la *lumière*, un très grand nombre de feuilles blanches et tendres.

Sans *chaleur*, la germination serait impossible, de même que les grains et les fruits n'arriveraient pas à maturité.

La *chaleur* est mesurée à l'aide du thermomètre, petit instrument dont la construction repose sur la dilatation des corps. Les solides, liquides et gaz se dilatent effectivement, c'est-à dire augmentent de volume par l'action de la chaleur et se contractent par le froid, ou plutôt par la diminution de chaleur.

Un *degré* du thermomètre centigrade est égal à la centième partie de la chaleur développée ou comprise entre la glace pilée et la vapeur d'eau, sous la pression barométrique de 760 millimètres. A 0° l'eau se solidifie, à 100° elle se vaporise.

Hygiène. — Le froid — dont on se préserve par des vêtements suffisamment épais — occasionne des rhumes, des bronchites et autres affections des poumons ; il cause aussi des rhumatismes ; on agit avec prudence en ne passant pas brusquement d'un milieu, dont la température est élevée, dans un autre très froid, et réciproquement.

La chaleur a aussi ses inconvénients ; elle fait souvent transpirer, et cette transpiration ne doit jamais être subitement interrompue, soit en absorbant une boisson froide, soit en pénétrant dans un lieu frais et humide.

Il ne faut non plus jamais s'exposer tête nue à l'ardeur des rayons solaires de l'été, de crainte d'être frappé d'une insolation.

Expériences prouvant la dilatation des corps : 1° Mesurer la longueur d'une tige de fer, faire chauffer cette tige et la mesurer de nouveau ; comparer les deux longueurs obtenues. — 2° Faire voir le thermomètre, que possèdent la plupart des écoles ; en chauffer légèrement le réservoir pour que le mercure ou l'alcool monte rapidement dans le tube.

lingue dans le règne animal, les *vertébrés* des *invertébrés*. — Les cinq classes des vertébrés. (Choisir comme type de chaque classe un animal bien connu dans la région : vache, poule, couleuvre ou lézard, grenouille, hareng — ou poisson d'eau douce.) Se servir de tableaux Deyrolle ou autres gravures.

SIXIÈME LEÇON

FORMATION DU SOL ARABLE

La terre, globe en fusion d'abord, s'est refroidie peu à peu, principalement à la surface qui est devenue solide. — L'intérieur a conservé une haute température, ainsi que le prouvent les sources thermales, les geysers, les matières rejetées par les éruptions volcaniques.

A l'origine, les corps les plus pesants ont été entraînés vers le centre ; ceux qui l'étaient moins : calcium, aluminium, silicium sont demeurés à la surface où ils ont formé — à l'aide des acides, maintenus d'abord à l'état gazeux par une chaleur intense, puis dissous par la vapeur d'eau, qui se condensait, — le calcaire, l'argile, la silice.

La *terre arable* ou *labourable* provient donc des débris de roches les moins denses ; roches, soit fondamentales formées par le refroidissement, comme le gneiss et le schiste micacé ; soit d'éruption, comme le granit et le porphyre qui sont cristallins ; soit de sédiment ou déposées par les eaux, comme le calcaire, l'argile, le grès, le sable.

C'est seulement dans les roches de sédiment ou stratifiées, c'est-à-dire disposées par couches, que l'on rencontre des *fossiles*. Les terrains de sédiment forment seuls le Bessin : terrains primaires au sud, secondaires au nord.

Un *sol arable* est donc composé d'*argile*, de *calcaire* et de *sable* ou *silice*, mélangés en proportions variables ; il doit, en outre, contenir de l'*humus* ou *terreau*, fourni par la décomposition des corps organiques, végétaux et animaux.

Défauts de chacun des principaux sols. — L'*argile* formant une pâte compacte, avec l'eau qu'elle retient, est difficile à travailler quand elle est mouillée ; elle ne l'est guère moins lorsqu'elle a été durcie par une longue sécheresse ; un morceau d'argile, fortement chauffé, happe à la langue.

Le *calcaire,* lorsqu'il est à peu près pur, constitue un sol qui ne retient pas la chaleur à cause de sa couleur blanche ; la pluie le transforme en bouillie ; les dégels le soulèvent et le boursouflent au grand détriment des racines des plantes ; le *calcaire* est facile à cultiver. Il sert d'amendement aux terrains argileux et aux sols siliceux ; lorsqu'on verse dessus quelques gouttes d'acide, il fait *effervescence.*

Le *sable* laisse facilement filtrer l'eau, aussi les sols qui en sont composés craignent-ils la sécheresse ; se travaillant toujours aisément, mais ne conservant les engrais que peu de temps, les sols siliceux ont besoin d'amendements, terres et démolitions de murs, argile, boues, etc., qui leur donnent de la consistance; la *silice* raye le verre.

L'argile domine dans les terres fortes et le sable dans les terres légères.

Moyen d'analyser approximativement un sol. — On prélève un échantillon provenant du mélange de quelques pelletées de terre recueillies sur divers points du champ et bien mélangées ; on fait sécher avec soin la quantité conservée pour en chasser l'humidité ; puis, après l'avoir pesée, on la chauffe fortement sur une plaque de tôle; les matières organiques brûlent, et la différence du nouveau poids avec le premier indique la quantité d'*humus.* — On élimine ensuite l'*argile* par des lavages successifs, puis le calcaire, qui est dissous par un acide (vinaigre, eau-forte) ; il ne reste plus que le *sable.* (Faire sécher — et peser après chaque opération.)

Le Directeur de la Station agronomique du Calvados se charge d'ailleurs de l'analyse exacte des terrains et de celle des engrais ; des instructions spéciales, envoyées dans toutes les mairies et écoles du département font connaître aux intéressés la marche à suivre pour le prélèvement et l'envoi des échantillons.

En attendant que des cartes agronomiques soient dressées dans tous les départements, chacun a intérêt à connaître la composition du sol de ses diverses propriétés, s'il veut obtenir de bons résultats et ne s'exposer à aucun mécompte.

Expériences : Faire distinguer l'argile, le calcaire et la silice.

SEPTIÈME LEÇON

DE L'AGRICULTURE

Animaux domestiques et productions de l'arrondissement

« Sans l'*agriculture* les hommes vivraient errants sur la terre, se disputant la dépouille des animaux et quelques fruits sauvages ; on ne connaîtrait ni société, ni patrie. En multipliant les subsistances, elle a permis aux habitants de la terre de se réunir pour se prêter de mutuels secours en se spécialisant. En outre, si le séjour des villes et la vie sédentaire amollissent et énervent une portion de l'espèce humaine, elle conserve la population des campagnes dans un état de force, de santé et de bonnes mœurs, et ce n'est pas là un de ses moindres bienfaits. » (Chaptal.)

Le voisinage de la mer et de nombreux ruisseaux qui arrosent le territoire font que le climat du Bessin est doux et humide ; la température moyenne du département pendant les années 1893, 1894, 1895 et 1896 a été de 10°86 ; celle de l'arrondissement est un peu supérieure à cette dernière.

Voici, au point de vue de la répartition des cultures, du morcellement du sol et des principaux animaux domestiques, quelques chiffres extraits de la statistique décennale de 1892 :

Sur les 95.000 hectares que compte la superficie de l'arrondissement, 60.000 sont affectés aux prairies ou herbages ; 22.000 à la culture des céréales ; le reste comprend : bois, cultures industrielles (colza surtout), jardins et petites cultures diverses.

La propriété est morcelée : 11.300 propriétaires possèdent moins de 10 hectares ; 900 en possèdent de 10 à

20 ; 900 également de 20 à 50 ; 200 de 50 à 100, et 20 seulement dépassent 100 hectares.

Le bétail de la région se répartit ainsi : race chevaline, 9.500 têtes ; bovine, 56.000, y compris 10.000 veaux ; ovine, 8.800 ; porcine, 18.500.

Les animaux de basse-cour comptent 112.000 poules ; 6.500 oies ; 26.000 canards ; 3.400 dindons ; 12.300 pigeons et 31.000 lapins.

16.000 hectares sont plantés de pommiers à cidre, dont le nombre total s'élève à 1.111.000 qui, annuellement, donnent en moyenne 518.000 hectolitres de pommes, valant plus de 1.600.000 francs.

Comme ont le voit, les productions qui viennent en première ligne sont : le bétail que nourrissent les prairies, les arbres à cidre et les céréales.

HUITIÈME LEÇON

PRINCIPALES CULTURES

1° *Céréales*

Blé. — Il en existe plusieurs variétés qui forment deux classes : les *blés tendres* et les *blés durs* qu'on distingue encore sous les noms de *franc blé* et de *gros blé* ; les grains moulus et blutés produisent la farine dont on fabrique le pain.

Seigle. — Cette céréale n'est cultivée que sur une petite échelle et beaucoup plus pour sa paille, dont on fait des liens excellents, que pour son grain ; elle est aussi consommée au printemps comme fourrage vert, par le bétail.

Orge. — Avec l'*orge*, on sème fréquemment une plante fourragère. Les grains de cette céréale réduits en farine grossière servent à l'engraissement des animaux domestiques ; cette farine est excellente aussi pour les vaches laitières.

Avoine. — Plante rustique, peu exigeante qui préfère cependant les terres plutôt fortes que légères, les climats plutôt humides que secs ; elle sert principale-

chou rutabaga, les *navets*, *panais* et *choux*, dont les racines ou feuilles sont indispensables aux animaux pendant l'hiver ; à défaut de ces plantes, on serait obligé, en cette saison, de les nourrir exclusivement de fourrage sec et de grains ; enfin, la *pomme de terre*.

NEUVIÈME LEÇON

(RÉVISION)

NOVEMBRE

DIXIÈME LEÇON

DES SEMAILLES (Semailles d'Automne)

Pour qu'une culture réussisse, il est nécessaire: 1° que les graines soient bien mûres, recueillies sur des plantes de choix, qu'elles proviennent de la récolte précédente et soient nettes de semences nuisibles; 2° que le terrain soit préparé avec soin; 3° que l'ensemencement ait lieu à l'époque convenable, mais plutôt en avance qu'en retard.

On obtient des graines bien propres et de dimensions convenables en faisant usage du tarare et du trieur; on peut aussi en faire la sélection en les plongeant dans un vase rempli d'eau; celles qui surnagent ne doivent pas être employées.

Il serait bon que les graines des semences destinées à la reproduction fussent cultivées et soignées à part.

Le sol sera nettoyé et ameubli par plusieurs labours et hersages, un bon labour valant une demi-fumure.

Les semis peuvent s'effectuer, soit à la volée, soit à l'aide du semoir mécanique dont l'emploi, encore assez rare, est préférable.

En se servant de cet instrument, on économise le quart ou le tiers de la semence et on dépose les grains en lignes régulièrement espacées, ce qui permet à l'air de circuler aisément et rend plus facile le fauchage à la moissonneuse.

Plusieurs cultivateurs, en s'associant, pourraient acquérir un semoir.

Semailles d'automne

Blé. — On le sème en octobre, à raison de 2 à 2 hectolitres 1/2 par hectare; le rendement moyen est de 15 à 20 hectolitres. Dans un terrain très fertile, il faut moins de semence, le blé tallant davantage.

La terre sera préparée par deux labours, au minimum, et hersée avec soin; on roulera aussi, le blé n'aimant pas un sol creux et réussissant mieux dans un sol ferme. Après une récolte de féverolles, de trèfle ou de sainfoin, de betteraves ou de sarrasin, cultures qui avaient été fortement fumées, on n'emp..oie pas de fumier et on donne le premier labour aussitôt que le terrain est libre ; dans les autres cas, les engrais sont nécessaires. Ceux qui conviennent sont : le fumier de ferme, les engrais azotés (nitrate de soude et sulfate d'ammoniaque), ainsi que les phosphates et superphosphates.

Le fumier est enfoui par des labours d'automne ; les phosphates sont employés au moment des semailles : ils contribuent au développement du grain ; les engrais azotés, répandus en couverture au printemps, activent la végétation. Dans les sols dépourvus de potasse, on met du chlorure de potassium, à la dose de 100 à 200 kilogrammes à l'hectare.

Pour préserver le blé de certaines maladies cryptogamiques : *charbon*, *carie* ou *nielle*, on fait subir aux grains de semence l'opération du *chaulage* ou du *sulfatage*.

Divers procédés sont employés : pour un hectolitre de semence, on fait dissoudre 600 grammes de sulfate de soude dans un litre d'eau, puis on éteint 2 kilogr. de chaux vive dans 8 litres d'eau ; on mélange et on verse, après refroidissement, sur les grains qu'on remue à la pelle pour assurer une répartition parfaite ; ensuite on donne au tas de blé une forme conique afin que le liquide puisse s'écouler ; on sème dès que les grains sont secs.

On peut aussi, dans 4 litres d'eau potable, faire bouillir pendant 2 heures, 40 grammes de *persicaire*, 40 grammes de *verveine* et 50 grammes de *pousse de genêt* avec un kilogramme de *sel marin* ; on y ajoute ensuite 1/2 litre de chaux que l'on a éteinte dans une égale quantité d'eau ; on chaule comme dans le premier cas, par aspersion, mais à chaud.

Le *sulfatage* se pratique comme le chaulage, 500 grammes de sulfate de cuivre (vitriol bleu ou couperose bleue) et 250 grammes de sel dissous dans 5 litres d'eau suffisent pour un hectolitre de semence. On peut aussi sulfater les grains en les immergeant pendant 12 heuros dans une solution à 1/2 0/0 de sulfate de cuivre ; on les fait ensuite égoutter, puis on les saupoudre de chaux éteinte ; quand ils sont secs, on les sème.

Le chaulage et le sulfatage peuvent également, à l'aide d'un panier qui contient le grain, se faire par immersion.

Si, aux solutions que nous venons d'indiquer pour chauler et sulfater, on ajoute, toujours pour un hecto-litre de semence, 200 grammes de goudron et autant de pétrole, celui-là dilué dans un litre et demi d'eau chaude, les grains qui seront imprégnés de ce mélange, seront préservés, après les semailles, de la voracité des corbeaux.

Une autre maladie des céréales, la *rouille*, provient de l'épine-vinette qui doit être proscrite des haies de clôture.

Au printemps, on herse le blé pour le faire taller, puis on le roule pour raffermir le sol ; plus tard, on détruit les mauvaises herbes: chardons, nielles, etc....

Après l'hiver, lorsque la végétation est trop rapide, par une journée de beau temps, on fait passer, dans les champs de blé, les moutons ou les vaches qui mangent l'extrémité de la plante : c'est ce qu'on appelle *effaner* ou *moutonner*.

ONZIÈME LEÇON

SEMAILLES D'AUTOMNE (Suite)

Seigle. — Lorsqu'il succède à des racines sarclées ou au colza, c'est-à-dire après toute plante nettoyante, le seigle peut être semé sur un seul labour; l'ensemen-cement a lieu en septembre ; 2 hectolitres 1/2 sont em-ployés à l'hectare qui donne un rendement de 18 à 20 hectolitres.

Cette céréale produit quelquefois des grains ergotés. L'ergot de seigle est un poison violent dont on ne peut guère se débarrasser qu'en employant des semences pures et en ne mélangeant pas à la litière du bétail, du seigle atteint de cette maladie.

Avoine. — Les différentes variétés d'avoine sont de culture facile. L'avoine d'hiver (avoine blanche) ne se sème pas après le mois d'octobre ; il faut 3 hectolitres de semence ; un seul labour et une demi-fumure (15 à 20 mètres cubes de fumier à l'hectare) lui suffisent ; elle peut succéder à toutes les plantes, même à une céréale. On herse au printemps quand les herbes nuisibles apparaissent. La récolte est de 30 à 35 hectolitres.

Orge. — Celle d'hiver est semée de très bonne heure : fin septembre ou commencement d'octobre, afin qu'elle puisse taller avant la mauvaise saison. L'avoine et l'orge d'hiver occupent peu de place dans l'agriculture régionale. Les maladies que nous avons énumérées pour le blé sont communes à l'orge et à l'avoine.

Fourrages verts. — L'hivernage (vesce souvent mélangée de seigle, d'avoine ou d'orge) est semé en septembre dans une terre bien préparée et abondamment fumée ; quantité de semence : 2 hectolitres 1/2.

Le trèfle incarnat ou d'Espagne, dont l'ensemencement se fait dès la fin d'août, a besoin également d'engrais ; deux labours lui suffisent.

Parmi les travaux de cette saison, nous indiquerons le repiquage du colza qui se fait en octobre dans un sol riche, meuble et fortement fumé ; les plants sont disposés en lignes distantes de 0 m. 50, avec un intervalle de 0 m. 30 d'un pied à l'autre. Ce travail revient à 30 fr. l'hectare. Au printemps, on donne deux binages avec la houe à cheval et on butte avec la charrue buttoir, après avoir répandu un engrais destiné à activer la végétation (tourteau ou nitrate de soude) ; la quantité de nitrate employée est d'environ 600 kilog. à l'hectare.

Voici, d'après M. E. Leroux, professeur d'agriculture, le poids des éléments fertilisants enlevés à un hectare de terrain par les végétaux dont la désignation suit :

	Azote	Acide phosphorique	Potasse	Chaux
Blé.	58 kil.	31 kil.	40 kil.	25 kil.
Seigle	50	28	50	24
Orge	47	23	4)	35
Avoine	51	20	50	31

	Azote	Acide phosphorique	Potasse	Chaux
Luzerne (1)	160	35	105	195
Sainfoin	150	31	125	102
Trèfle	170	45	155	150
Vesce	72	30	102	59
Féverolles	148	41	128	55
Prairies naturelles	78	25	100	66
Betteraves	103	49	195	63
Carottes	159	53	160	85
Pommes de terre	90	60	140	32

Le cultivateur doit donc, par un choix judicieux des engrais, fournir aux plantes les éléments qui leur sont indispensables et que le sol ne contient plus ou ne renferme qu'insuffisamment.

DOUZIÈME LEÇON (Avec gravures à l'appui)

LES MAMMIFÈRES ; L'HOMME ; DE LA DIGESTION

SOMMAIRE : Les mammifères : principaux caractères qui les distinguent. L'homme. Digestion. La bouche et les dents ; organes du canal digestif ; sucs digestifs. Ce que devient la partie nutritive des aliments absorbés.

TREIZIÈME LEÇON

HYGIÈNE DES ALIMENTS & DE LA DIGESTION

Les aliments sont *azotés* ou *respiratoires*, quelquefois ils sont l'un et l'autre, c'est-à-dire *complets*.

Les aliments respiratoires, appelés aussi combustibles, servent, comme leur nom l'indique, à la combustion respiratoire et sont convertis en eau et en acide carbonique ; ils entretiennent la circulation du sang et la respiration : la fécule, les boissons alcooliques, le

---

(1) Les plantes de la famille des légumineuses prennent leur azote dans l'atmosphère.

sucre, les corps gras en font partie ; ils renferment du carbone, mais non de l'azote.

Les aliments azotés, plastiques ou réparateurs entretiennent le corps ou contribuent à son développement ; leurs éléments nutritifs s'assimilent aux diverses parties de l'organisme : la caséine contenue dans le lait ; l'albumine qu'on trouve dans le blanc d'œuf et la fibrine qui entre dans la composition de la chair musculaire, et du gluten de la farine sont des principes azotés d'une valeur identique.

Le pain, l'œuf, le lait sont des aliments complets, ainsi que les pois, haricots, lentilles, etc.

Voici la ration journalière du soldat français :

	EN GARNISON	SUR PIED DE GUERRE
Pain	1.000 grammes	1.000 grammes
Viande fraîche .	300	300
Légumes frais .	100	. »
Légumes secs .	30	60
Sucre.	. »	21
Café	»	16

Nos aliments doivent être sains, absorbés à heures régulières et pris en quantité simplement suffisante, quantité qui est proportionnée, et à la température, et à la dépense de force physique résultant de travaux plus ou moins longs et pénibles. Trop d'aliments respiratoires donne de l'embonpoint ; trop d'aliments azotés amène la goutte ; enfin l'excès dans la nourriture occasionne des indigestions ; dans les boissons fermentées, il provoque l'ivresse. Ne pas oublier que, si l'alcool consommé en *très petite quantité* peut réconforter, son abus est dangereux ; quant aux liqueurs spiritueuses: vermouth, kirsch, absinthe, genièvre, on doit s'en priver absolument. Le vin naturel, pris modérément, est la meilleure des boissons ; le cidre vient ensuite.

L'habitude de fumer est également pernicieuse : sans compter la dépense qu'elle entraine, il faut se rappeler que le tabac renferme un poison énergique, la nicotine: qu'il détermine, comme les liqueurs fortes, des maladies d'estomac, de cœur, le cancer de la bouche ; en outre, qu'il altère et fait naitre ou augmente la soif.

L'eau nous est indispensable ; elle entre pour les deux tiers ou les trois quarts dans le poids du corps dont elle s'échappe constamment : expiration, sueur, urine ; nous perdons, chaque jour, de un à cinq litres d'eau qui doivent être remplacés, autant que possible, par des boissons hygiéniques ; café, thé, dont les propriétés toniques et stimulantes facilitent la digestion, ou encore par le bouillon, le lait.

Les dents sont nettoyées le matin, après chaque repas et surtout, le soir, avant de se coucher ; on emploie le cure-dent, puis une brosse douce avec de l'eau, et une poudre dentrifice, ou du charbon de bois bien broyé.

Les principales affections du tube digestif sont les maux d'estomac et les coliques ; les fruits verts, dont il ne faut pas faire usage, occasionnent ces dernières.

On ne doit se baigner que lorsque la digestion est achevée, c'est-à-dire environ 3 heures après les repas.

QUATORZIÈME LEÇON (Avec gravures)

DE LA RESPIRATION ; L'ASPHYXIE

SOMMAIRE : Respiration ; ses organes ; rôle des poumons. Le sang ou liquide nourricier, sang veineux et sang artériel ; gaz que renferme chacun de ces liquides ; globules sanguins et sérum ; rôle nutritif du sang

Tous les animaux sont pourvus de sang, mais chez les vertébrés seuls ce liquide doit sa teinte rouge aux globules sanguins.

Hygiène. — La respiration doit se faire par le nez, et l'air ainsi que nous l'avons déjà dit, doit être aussi pur que possible ; dans ce but, il faut aérer ou ventiler fréquemment les pièces que l'on habite ; n'y pas fumer ; 8 à 10 mètres cubes d'air sont nécessaires à un adulte, en 24 heures.

L'acide carbonique que nous rejetons est décomposé par les plantes qui s'assimilent le carbone et mettent en liberté l'oxygène qui nous est indispensable.

La privation, un peu longue, d'air pur entraîne l'asphyxie; il ne faut pas séjourner dans les lieux où une bougie s'éteint.

Toutes les combustions, soit vives, soit latentes enlèvent de l'oxygène à l'air et dégagent de l'acide carbonique et de l'oxyde de carbone.

Les chambres où se trouvent des malades doivent toujours être ventilées, sans que, pour cela, ceux-ci soient exposés à se refroidir.

Asphyxie. — Elle se produit lorsque l'air pur n'arrive plus à nos poumons; les noyés, les pendus, ceux qui restent trop longtemps dans une atmosphère délétère ou irrespirable, comme elle le devient par le mélange de l'oxyde de carbone et de l'acide carbonique, périssent par asphyxie.

Soins à donner aux asphyxiés. — On enlève les vêtements et on dépose sur un lit la personne asphyxiée, que l'on frictionne avec un morceau de flanelle imbibé d'eau-de-vie. Les frictions se font notamment dans la région du cœur et dans le dos; on fait rendre l'eau aux noyés, on élève et on abaisse successivement les bras, et, à l'aide des mains, on presse doucement, et à reprises répétées, les côtés de la poitrine, pour rétablir la respiration; au moyen d'un tube introduit dans la bouche on essaye d'insuffler de l'air dans les poumons. Ces soins durent quelquefois plusieurs heures, avant qu'un résultat favorable soit obtenu.

QUINZIÈME LEÇON (Avec gravures)

DE LA CIRCULATION DU SANG

Sommaire : Circulation du sang. Le cœur, sa structure; artères (le pouls); vaisseaux capillaires; veines; petite circulation et grande circulation.

Hygiène. — Lorsque, par suite de la rupture de l'un des nombreux vaisseaux de la circulation, le sang s'épanche en dehors de la route qu'il doit suivre, il y a *hémorragie*.

Celle qui se produit à l'extérieur du corps est arrêtée ou atténuée par la compression (ligature assez serrée, avec une bande de toile, de la partie qui se trouve près de la plaie, et entre celle-ci et le cœur, s'il s'agit d'une artère ; opérer inversement s'il s'agit d'une veine).

Pour faire cesser les saignements de nez, on fait tenir les bras élevés et la tête droite, et, avec un linge imbibé d'eau fraîche, on humecte la face et le cou.

SEIZIÈME LEÇON (Avec gravures)

DU SYSTÈME NERVEUX

SOMMAIRE : Le système nerveux ; le cerveau, le cervelet et la moelle allongée ; la moelle épinière ; les nerfs craniens et les nerfs spinaux. — Les nerfs sont moteurs ou sensitifs. — Paralysie

DIX-SEPTIÈME LEÇON

(COMPOSITION)

DÉCEMBRE

DIX-HUITIÈME LEÇON

DE L'ALCOOLISME

L'eau-de-vie ne devrait provenir que de la distillation du vin, mais il en est tout autrement; les procédés employés laissant en outre à désirer, des produits impurs, véritables poisons se mêlent à l'alcool, soit au commencement, soit à la fin de l'opération.

Il en est de même pour les liqueurs : cassis, chartreuse, bénédictine, kummel, anisette, et les apéritifs : byrrh, vermouth, absinthe, amer picon, etc. ; il faut noter que ces spiritueux sont d'ailleurs assez souvent falsifiés, par les divers intermédiaires qui en font le commerce, avant d'arriver au consommateur.

L'alcool agit immédiatement sur l'*estomac* vide en y faisant affluer le sang, c'est-à-dire en le congestionnant; si cet organe contient des aliments, l'effet produit est moins violent, mais, au bout de quelque temps, la membrane stomachale ne peut plus sécréter le suc gastrique, ce qui empêche la digestion de se faire. Puis viennent les sensations de chaleur, le rejet de liquides par vomissement, le manque d'appétit, le tout accompagné de violentes douleurs.

Sur le *cerveau*, l'alcool agit non moins rapidement et, selon la quantité absorbée, ainsi que l'habitude de boire fréquemment, il conduit, par des phases successives d'une pointe de gaieté au *delirium tremens ;* le *système nerveux* est conséquemment affecté aussi ; le tremblement d'abord, puis le bégaiement ; enfin la paralysie, soit partielle, soit générale.

Les *sens* de la *vue*, de l'*ouïe* et du *goût* sont troublés et pervertis par l'abus des liqueurs fortes; la sensibilité s'émousse, les désordres intellectuels se produisent et le buveur peut en arriver au suicide, si la mort ne vient pas, la première, le frapper.

Pour nous résumer disons que la plupart des organes sont atteints par l'alcool : le *foie* est congestionné comme l'estomac et le cerveau ; la bile reflue dans le sang, d'où la jaunisse ; ou bien ce viscère augmente de volume, puis se contracte et devient cirrhosé (mamelonné); l'hydropisie fait suite à cet état pathologique ; souvent aussi, ses granulations subissent une dégénérescence graisseuse, dont le cœur est également atteint.

Les *reins* sont sujets à l'inflammation dont il résulte l'affection connue sous le nom d'albuminurie.

Sur les *poumons*, les boissons alcooliques agissent en déterminant des bronchites, des pneunomies « avec ou sans phtisie consécutive, mais souvent avec complication de maladies de cœur ».

On s'interdira donc l'usage des liqueurs fortes dans l'intérêt et de sa santé, et de celle des siens, car l'ivrognerie est communiquée par l'exemple ou par transmission héréditaire. Se rappeler que l'abus de l'alcool amène une prompte dégénérescence de l'individu et de ses descendants: dépravation morale, ivresse habituelle, ramollissement cérébral, idiotisme, homicide, suicide.

Ce sont, en effet, les alcooliques qui fournissent une fraction importante des prévenus jugés par les tribunaux correctionnels et les cours d'assises, comme ce sont encore eux, principalement, qui sont internés dans les maisons de santé et dans les asiles d'aliénés.

On dissipe l'ivresse, en faisant boire un verre d'eau contenant 6 à 7 gouttes d'ammoniaque.

<hr>

DIX-NEUVIÈME LEÇON

DES OS

SOMMAIRE: Le squelette; principaux os de la tête, du tronc et des membres ; composition des os : gélatine, phosphate et carbonate de chaux. (Les os ne sont d'abord que des cartillages formés exclusivement de gélatine; ils restent à cet état chez les poissons dits cartilagineux, tels que la raie).

Expérience: Choisir deux os semblables ; mettre l'un dans l'acide chlorhydrique étendu d'eau qui dissoudra les matières minérales, sans détruire la gélatine et con-

servera à l'os sa forme primitive ; faire calciner le second dans un foyer, pour éliminer les matières animales et ne conserver que les minérales : peser pour se rendre compte des proportions de ces diverses matières.

VINGTIÈME LEÇON

ARTICULATIONS, MUSCLES, TENDONS

SOMMAIRE : Articulations ; synovie ; muscles et tendons. — Les os peuvent être comparés à des leviers dont le point d'appui est représenté par le tendon, et la force destinée à mouvoir ce levier par la contraction des muscles ; la plupart des os des membres obéissent à deux muscles qui déterminent des mouvements inverses : le fléchisseur et l'extenseur. — Fracture, luxation, entorse.

Hygiène. — C'est pendant la jeunesse, époque où les os sont encore flexibles, qu'il est bon d'exécuter de nombreux exercices de gymnastique pour se fortifier.

En classe, sur les bancs de l'école, on tient le corps convenablement, afin que la colonne vertébrale ne soit pas déviée, ni qu'aucune autre partie du corps ne soit déformée.

VINGT-UNIÈME LEÇON

INSTRUMENTS ARATOIRES

Charrue. — Celle qui est généralement adoptée dans le Bessin se compose du *soc*, du *coutre*, de *l'oreille* ou *versoir*, de la *semelle*, du *sep*, des *mancherons*, de *l'âge* ou *haie* et de *l'avant-train*. Ce dernier est muni d'une chaîne terminée par un anneau d'assez grand diamètre dans lequel glisse l'âge ; une *cheville* ou *clef* permet d'avancer ou de reculer l'anneau, afin de régler la profondeur, plus ou moins grande, des sillons.

Lorsque, par sa nature, le sous-sol peut être mélangé au sol, comme amendement à la terre arable, on pratique un labour très profond, à l'aide d'une forte charrue nommée *défonceuse*.

Herse. — La herse sert à niveler, ameublir et pulvériser le sol, à enlever les mauvaises herbes, à enterrer les semences et à mélanger les engrais avec la terre ; elle est ordinairement composée de 5 montants, de 3 traverses et garnie de 25, 30, 35 et même 40 dents, légèrement inclinées ou obliques ; elle trace autant de raies distinctes qu'elle compte de dents.

Scarificateur. — Quand, après une récolte, il ne s'agit que de débarrasser la terre des chaumes et des herbes, on opère un labour superficiel qu'on appelle *déchaumage*, travail qui peut se faire soit à la charrue, soit au moyen du scarificateur, de l'extirpateur, du déchaumeur, instruments formés d'un assemblage de petits socs ou de coutres.

Rouleau. — C'est un cylindre en bois, en pierre ou en fonte qui tourne autour d'un essieu. Il sert à écraser les mottes, à niveler et à tasser ou affermir le sol : ce dernier travail s'impose lorsque les racines des jeunes plantes ont été déchaussées par le dégel. Les rouleaux en fonte, composés de plusieurs pièces indépendantes les unes des autres (4 ou 6) sont préférables ; leur emploi supprime les glissements qui se produisent avec les rouleaux d'une seule pièce, lorsque l'on tourne à chaque extrémité du champ.

Houe à cheval. — Elle sert à biner et à sarcler les pommes de terre, betteraves, colzas, etc.... ; elle est composée d'un chassis triangulaire dans lequel sont adaptés des coutres ou de légers socs : c'est un extirpateur ou scarificateur de modèle réduit.

Buttoir. — Le buttoir à cheval est une sorte de charrue à double versoir qui creuse un sillon ou raie entre les lignes de colza, de betteraves et relève la terre des deux côtés ; le buttage développe les racines adventives.

Semoir mécanique. — Bien que peu connu encore, on doit cependant admettre qu'il y aurait grand avan-

tage à se servir de cet instrument qui dispose les grains
en lignes et à une profondeur régulières, sans compter
l'économie notable qu'il procure. Le semoir est monté
sur deux roues et traîné par un ou deux chevaux ;
d'une caisse qui en forme la partie supérieure, descen-
dent des tubes qui laissent échapper la semence ; un
petit soc, disposé à l'avant de chaque tube, trace le
sillon qui reçoit les grains ; ceux-ci sont recouverts
par la terre que déplace une chaîne ou une fourche
fixée à l'arrière de chacun des tubes; enfin ces derniers
sont construits de manière à permettre d'enterrer la
semence à la profondeur que l'on désire.

Instruments à bras. — Ceux dont on se sert principalement sont : la *bêche*, la *pelle*, le *râteau*, la *pioche*,
la *houe*, la *fourche*, employés surtout pour le jardinage.

(Les meilleures descriptions ne valant pas une
explication donnée devant les instruments qui font
l'objet de cette leçon, nous engageons les maîtres, non
seulement à se servir de gravures, mais aussi à profiter des promenades scolaires pour faire connaître
l'usage et les diverses pièces de notre outillage agricole).

VINGT-DEUXIÈME LEÇON

ORGANE DES SENS. — PEAU

Sommaire : Organes des sens ; myopie et presbytisme. De la peau ;
glandes sudoripares.

Hygiène. — La peau est percée d'une multitude de
trous imperceptibles par lesquels la sueur s'échappe ;
il est de toute nécessité que ces ouvertures, appelées
pores, ne soient jamais obstruées par la poussière ou
par la crasse La respiration cutanée (de la peau) maintient, par l'évaporation plus ou moins grande de la
sueur, la chaleur du corps à une température convenable (37°).

Les soins de propreté ne doivent donc pas se borner
à la face, aux mains et aux pieds, mais viser le corps

tout entier ; d'où l'urgence de prendre des bains de temps à autre. Les organes des sens doivent être tenus constamment propres, la chevelure, peignée avec soin, doit être coupée court chez les jeunes garçons ; le cuir chevelu lavé fréquemment.

Pour ménager la vue, on ne doit pas s'occuper de travaux trop délicats lorsqu'on ne dispose que d'une clarté insuffisante qui fatigue ou d'une lumière trop vive qui blesse. Les enfants éviteront de s'approcher trop près de leur livre ou de leur cahier, pour ne pas devenir myopes ; ils les tiendront éloignés de leurs yeux, de 0 m. 25 à 0 m. 30.

VINGT-TROISIÈME LEÇON

POMMIERS ET POIRIERS A CIDRE

Meilleures variétés pour la production et pour la qualité ; soins à donner aux arbres ; principales maladies ; leur traitement.

Le *poirier à cidre* est très peu cultivé. Le *pommier*, au contraire a pris une grande extension et ses produits constituent une source de revenus importants pour nos cultivateurs. Le cidre du Bessin n'est pas aussi alcoolique que celui du Pays-d'Auge ; en revanche, s'il est plus léger, il est beaucoup plus agréable à boire.

La qualité du cidre dépend essentiellement des terrains où végètent les pommiers et de l'espèce des fruits employés à la fabrication ; les sols argilo-sablonneux, non humides, sont ceux d'où l'on tire les meilleurs cidres, surtout s'ils sont en pente et à l'exposition du midi.

Il existe trois sortes de pommes à cidre : les *pommes acides* où dominent les acides malique, tartrique ; les *pommes douces* ou *sucrées* qui contiennent du sucre et les *pommes amères* où domine le tannin. Les premières sont délaissées de plus en plus ; c'est le mélange des deux autres (un tiers de fruits doux et deux tiers de fruits amers) qui donne le meilleur cidre. Par rapport à l'époque de la maturité, on divise encore les pommes en trois classes : les *pommes précoces* ou premières qui mûrissent en septembre ; les *pommes moyennes* ou secondes que l'on récolte en octobre et novembre, et enfin les *pommes tardives* ou troisièmes qui ne parviennent à maturité qu'en décembre et janvier.

Les cidres obtenus des pommes premières sont généralement médiocres et ne se conservent pas longtemps. Au contraire, avec les pommes tardives, on fait du cidre riche en alcool et pouvant se conserver. Souvent on préfère les pommes secondes ; si leur cidre est moins fort, il est plus délicat.

Le nombre des variétés de pommes, dans chaque catégorie est considérable. Les meilleures espèces cultivées dans les différentes parties de l'arrondissement sont :

1° *Pommes précoces*

Girard, Amer-Doux, Blanc-Doux, Douce-Dame, Railé.

2° *Pommes moyennes*

Gros-Bois, Gagnevin, Doux-Évêque, Feuillard, Maltot, Coqueret, Gros-Court, Cartigny, Filasse, Rouge-Bruyère.

3° *Pommes tardives*

Bedan, Bouteille, Marin-Onfroy, Avoine, Colin, Grimpe-en-Haut.

Citons encore quelques variétés reconnues excellentes et qu'on pourrait avoir avantage à cultiver :

Premières. — Colombier, Noire-de-Vitry, Reine des hâtives, Saint-Philbert, Douveray.

Secondes. — Orange, Médaille d'or, Fréquin rouge, Muscadet, Rouge-Mulot.

Troisièmes — Long-Bois, Messire-Jacques, Fresquin, Hérisson, Grise-Dieppois, Peau-de-vache.

Une carte pomologique, dressée avec soin, pour toute la région, contribuerait à multiplier les meilleures espèces, en les faisant connaître mieux, et à délaisser celles qui sont médiocres.

Les jeunes arbres sont protégés contre les animaux qui séjournent dans les herbages au moyen d'une armure en fer ou en bois, mais non avec du *vignot* (genêt épineux) ou des branches d'aubépine ou d'épine noire qui endommageraient l'écorce; on garantit celle-ci en l'entourant de paille.

Aux gros arbres, on enlève les mousses, les lichens, le bois mort; on supprime les gourmands qui croissent sur la tige et sur le collet ; on élague l'extrémité des branches qui prennent trop de développement, ce qui permet à l'air et à la lumière de pénétrer à l'intérieur et de favoriser la production des pommes aussi bien au centre qu'à l'extrémité des rameaux ; il vaut mieux disposer la ramure en forme de vase, la récolte étant plus abondante.

Lorsqu'un pommier est surchargé de fruits, on soutient les grosses branches à l'aide de perches.

Etranglement de la tige. — Quand la greffe est d'une variété beaucoup plus vigoureuse que celle du sujet, l'arbre, au bout de quelques années, présente un renflement à la naissance de la greffe, et dans le cas contraire, un rétrécissement. Pour faire disparaître cette difformité de la tige qui nuit à la circulation de la sève, il suffit de pratiquer sur le pourtour de cet étranglement trois ou quatre incisions longitudinales pénétrant jusqu'à l'aubier.

Tige décortiquée. — Par suite d'accident, ou par le fait des bestiaux, il arrive quelquefois qu'un anneau d'écorce est complètement enlevé, ce qui intercepte le courant de la sève. « Pour rétablir cette communication, on prend sur l'arbre une portion de rameau d'un an un peu plus longue que le rameau d'écorce enlevé, et après avoir taillé ses deux extrémités en bec de flûte, de 4 à 5 centimètres de long, on en glisse une sous le bord de l'écorce supérieure et l'autre sous celui de l'écorce inférieure. Pour faciliter l'introduction de ces deux becs, on fend l'écorce dans la même ligne verticale, au-dessus et au-dessous de la plaie, afin que le rameau soit appliqué longitudinalement sur la tige. Les deux extrémités de ce rameau se soudent avec les deux bords de la plaie de la tige et la sève peut, de nouveau, circuler jusqu'aux racines.

On place ainsi sur le pourtour plusieurs rameaux-greffons, dont le nombre varie suivant la grosseur de

la tige. Cette soudure a reçu le nom de greffe américaine. » (NANOT).

Chancres. — Pour les prévenir, éviter les déchi-
rures et ne faire que des sections nettes lors de la taille
ou de la greffe. Prendre toujours les greffons sur des
sujets sains et ne pas planter dans des sols où l'humidité est trop grande.

Pour les guérir, on doit enlever toutes les parties
atteintes, frotter la plaie avec des feuilles d'oseille et,
deux ou trois jours après, enduire avec du mastic à
greffer. — Lorsqu'un chancre se forme, il suffit souvent de pratiquer deux ou trois incisions dans son
voisinage pour le voir disparaître.

Pourriture ou blanc des racines. — Les pommiers
en seront rarement atteints, si l'on ne fait pas de plantation dans un terrain trop humide, ni sur l'emplacement
d'arbres morts, à moins de renouveler la terre extraite.

Mousses, lichens. — On les enlève en grattant fortement l'écorce du tronc et des grosses branches ; on
place des toiles au-dessous pour les ramasser, ainsi
que quantité d'insectes que l'on détruit ensuite par le
feu, puis on badigeonne avec un lait de chaux. (Travail
à exécuter en février).

Les mousses, lichens et insectes disparaissent encore
si, en mars, par un temps sec, on arrose la tige et les
grosses branches d'une solution contenant 15 à 20 kilogrammes de sulfate de fer pour 100 litres d'eau avec
2 kilogrammes de chaux que l'on éteint dans 10 litres
d'eau. (La chaux employée en agriculture et dans les
diverses solutions est toujours de la chaux ordinaire
et non de la chaux hydraulique).

VINGT-QUATRIÈME LEÇON

PLANTATION DU POMMIER

Ennemis des arbres à cidre ; moyens de les détruire

L'époque la plus favorable pour la plantation est la
fin de novembre ; on choisit autant que possible, une
belle journée.

On procède d'abord à l'habillage du sujet, c'est-à-dire qu'on supprime le cinquième ou le quart de l'extrémité inférieure des plus grosses racines, ainsi que les parties brisées ou chancreuses ; on retranche également, pour rétablir l'équilibre, le cinquième ou le quart de l'extrémité des rameaux qui constituent la tête de l'arbre.

Les fosses destinées à recevoir les plants doivent avoir de 1 m. 50 à 2 m. de diamètre, sur 0 m. 60 à 0 m. 80 de profondeur ; elles sont remplies avec de la terre de bonne qualité ; on choisit la plus fine et la plus sèche pour recouvrir les racines ; il est bon également d'y mélanger quelques brouettées de terreau. Ces fosses sont creusées quelque temps avant la plantation, afin que la terre qui en est extraite puisse rester exposée à l'influence des agents atmosphériques.

Lorsque la fosse est comblée, elle doit former légèrement cuvette, sauf dans les sols humides, afin que le sujet, qui en occupe le centre, reçoive et conserve l'eau de pluie pour ses racines. Avant d'être couvertes, celles-ci ont besoin d'être bien étendues ; on soulève doucement le jeune tronc, pour que la terre remplisse tous les vides et aussi pour que le collet soit au niveau du sol.

Les pommiers sont plantés en quinconce et à dix mètres les uns des autres ; on a soin de placer dans les mêmes rangs ceux dont les fruits mûrissent à la même époque.

Généralement, les jeunes arbres ont été greffés dans la pépinière un an ou deux avant la plantation. Le choix de la greffe n'est pas indifférent ; par exemple, on ne placera pas une greffe précoce sur un sujet tardif ; en outre, il est indispensable que les sujets proviennent de pépinières peu éloignées, et que les variétés dont ils sont greffés réussissent dans le sol destiné à la plantation : ne cultiver que des variétés de premier choix et productives dans la région.

Le pommier, comme toutes les autres plantes, a besoin d'engrais : le marc de pommes, mélangé avec de la chaux, du fumier et du purin, produit d'excellents résultats ; les scories de déphosphoration valent encore mieux. Le sol que recouvre un pommier est ameubli à la bêche et non à la charrue, cet instrument pouvant briser les racines. On préserve les arbres de la sécheresse à l'aide d'une couche de menue paille, de sciure, etc., et en les arrosant de purin étendu d'eau ou d'une solution de 12 à 15 % de sulfate de fer.

Un bon pommier vit en moyenne 60 ans ; il commence à produire quelque peu dix ans après la plantation, et il est en plein rapport entre 30 et 40 ans. Un bon arbre donne, année moyenne, de 4 à 5 hectolitres, mais la récolte peut atteindre jusqu'à 20 hectolitres. Le pommier ne rapporte généralement que tous les deux ans.

Ses ennemis les plus redoutables sont :

1° **L'anthonome** qui ressemble au charançon du blé ; il détruit les organes reproducteurs de la fleur, dessèche celle-ci et la transforme en une sorte de clou de girofle. Pour le faire disparaître, on gratte, comme nous l'avons indiqué précédemment, le tronc et les branches de l'arbre et on brûle tous les détritus provenant de ce nettoyage, puis on badigeonne soigneusement avec un fort lait de chaux, ou mieux avec une solution de sulfate de fer de 15 à 20 % projetée jusqu'aux plus petites branches : cette solution détruit en outre les mousses et les lichens. Si, au printemps, les insectes apparaissent sur l'arbre, on secoue les branches sur des toiles tendues au-dessous, pour les y faire tomber ; tous les insectes recueillis sont jetés au feu. L'opération se fait avant la floraison, en commençant par les pommiers les plus précoces ;

2° **La chématobie** ou chenille verte arpenteuse qui attaque à la fois les fleurs et les feuilles. On empêche l'ascension sur le pommier, de l'insecte femelle, — dont les ailes rudimentaires sont impropres au vol, — en mettant autour de la tige, à partir du 20 octobre, une ceinture de matière gluante (goudron et vaseline rouge mélangés : goudron 1 kilogr., vaseline 1 hectogr ; huile de graissage américaine, glu, etc.), appliquée à une hauteur de 1 m. 50 à 2 mètres ; on renouvelle cette matière de temps à autre pendant une durée de six semaines (jusqu'au 10 décembre environ). Dans les mois de novembre et de décembre, on peut aussi promener des torches enflammées le long du tronc et des grosses branches ; les mâles, attirés par la lumière, viennent se consumer à la flamme de ces torches.

Pucerons. — Les gris et les verts qui attaquent les feuilles et les jeunes pousses sont détruits par le mélange suivant que l'on emploie par aspersion, avec pompe aspirante et foulante munie d'un pulvérisateur : eau, 15 litres ; savon noir, 200 grammes ; alcool, un décilitre.

Puceron lanigère. — Cet insecte qui occasionne des nodosités chancreuses ne résiste pas à cette solution : eau, 100 litres ; savon noir, de 2 à 5 kilog. ; pétrole, 2 litres ; nicotine, 1 litre ; eau de chaux (2 kilog de chaux vive dans 10 litres d'eau) On arrose dès que les pucerons apparaissent sur les arbres et on recommence tous les quinze jours jusqu'à disparition complète ; les larves sont détruites aussi ; on peut également employer contre elles la solution suivante : eau, 10 litres ; savon noir, 500 grammes ; pétrole, 20 litres.

Chenilles. — Depuis longtemps, des arrêtés municipaux prescrivent chaque année l'échenillage, c'est-à-dire l'enlèvement et la destruction des nids ou bourses tissées parmi les branches, et des chenilles qui s'y abritent. On peut également procéder contre elles comme contre le puceron lanigère, ou promener des torches soufrées et enflammées au-dessous de leurs nids : l'acide sulfureux les tue rapidement ou les fait tomber.

Gui. — Plante parasite toujours verte qui doit être considérée aussi comme l'ennemi du pommier, aux dépens duquel elle végète. Le gui doit être enlevé chaque année avant qu'il ait donné ses fruits, c'est-à-dire, d'après les arrêtés préfectoraux, avant le 25 décembre ; pour le détruire, on se sert ordinairement d'un crochet en fer, mais il vaut mieux en couper nettement les branches à.leur point d'insertion ; ces branches sont mangées par les bestiaux.

VINGT-CINQUIÈME LEÇON

RÉCOLTE DES POMMES

Fabrication du Cidre ; Fermentation

Les pommes sont généralement bien récoltées ; l'habitude de les gauler tend heureusement à disparaître : il est de beaucoup préférable de secouer les fortes branches à l'aide d'un crochet et aussi en faisant grimper quelqu'un dans l'arbre ; on meurtrit moins les fruits et on ne brise ni les jeunes pousses ni les bourgeons. Cette récolte se fait par un temps sec, autant que possible.

On est souvent obligé, faute de hangars, de remises ou de greniers, ce qui est très regrettable, de laisser les pommes dehors : l'eau, la neige et la gelée nuisent à leur bonne maturation et leur enlèvent une notable partie de leur sucre.

Les pommes dont on tire le cidre doivent être mûres à point, ce que l'on reconnaît quand elles ont pris une couleur jaune, que les pépins ont une teinte foncée, que la peau se couvre de petites taches et qu'elles exhalent une bonne odeur Elles doivent, de plus, être parfaitement saines.

Pour faire le cidre, on commence par écraser les pommes. Souvent encore, dans les fermes importantes, les fruits sont écrasés dans une auge circulaire en granit, avec une roue également en granit et mise en mouvement par un cheval ; ces grands *pressoirs* tendent à disparaître. Aujourd'hui, on se sert, presque partout, de *concasseurs* ou *moulins à pommes* spéciaux. Les pommes versées dans une trémie, passent entre deux cylindres cannelés ou noix qui les broient. Pour les cidres de qualité supérieure, il vaut mieux ne pas écraser les pépins.

La pulpe obtenue est étendue en couches ou lits d'une épaisseur de 10 à 15 centimètres, sur un tablier au centre duquel se trouve une vis en fer. Les couches sont séparées les unes des autres par un lit de *glui* (paille longue qui peut être remplacée par des claies d'osier, des toiles en crin), débordant d'un décimètre tout autour du tas.

Quand celui-ci a atteint une hauteur suffisante, on place, sur le dernier lit, une table surmontée de billots ou de madriers ; puis à l'aide de l'écrou de la vis on presse et on fait égoutter lentement ; peu à peu la pression se fait plus énergique : le premier liquide obtenu est du jus pur qui sera le gros cidre.

Lorsqu'on ajoute de l'eau, et c'est le cas général, il faut la mettre avec le marc ; on broie de nouveau une ou deux fois, et on laisse le tout macérer ou cuver, puis on presse la pâte qui fournit le petit cidre.

On doit employer l'eau de rivière ou de pluie, de préférence à toutes les autres. Se garder du préjugé funeste qui porte les cultivateurs à fabriquer leurs cidres avec des eaux de mares imprégnées de jus de fumier, liquides qui peuvent être contaminés et occasionner des maladies contagieuses, comme la fièvre typhoïde dont les microbes ne sont pas détruits par la fermentation.

Au moyen de brocs, — ou mieux encore d'une pompe — le cidre est versé dans des tonneaux où il ne tarde pas à fermenter ; le sucre contenu dans le liquide se transforme en alcool, et en acide carbonique. La fermentation est d'abord tumultueuse : on dit que le cidre *bout*.

Quand le bouillonnement s'arrête, on soutire le cidre pour le séparer de la lie qui l'empêcherait de se conserver, en le rendant acide. La fermentation s'achève lentement ; on bonde les fûts quand elle est terminée, c'est-à-dire vers la fin du mois de mars.

Si l'on veut conserver longtemps le cidre et le rendre très limpide, on le soutire une deuxième fois et on le colle avec du cachou et de la colle de poisson (60 grammes de cachou à faire dissoudre d'abord, et 2 grammes de colle par hectolitre).

Pour que la fermentation suive son cours, la température du pressoir et celle de la cave doivent être de 12 à 15°. Si, malgré cela, elle ne s'établit pas avec assez d'énergie, le meilleur moyen de l'accélérer, c'est de prélever du moût sur un tonneau en pleine activité et de le verser dans le fût dont le cidre fermente mal.

On conseille encore de remuer fortement ou de brasser le liquide, deux fois par jour, à l'aide d'un balai en osier introduit par la bonde, ou encore de faire chauffer une certaine quantité de moût qui, versée dans le tonneau, élève la température de la masse et détermine ainsi la fermentation.

~~~~~~

VINGT-SIXIÈME LEÇON

DES SOINS A DONNER AUX FUTS

Maladies du cidre ; leurs remèdes ; de la cave

Les *tonneaux* doivent être très propres et sans odeur ; dès qu'ils sont vides on les lave avec le plus grand soin ; on en frotte les parois avec un balai ou une brosse rude, jusqu'à ce que l'eau en sorte parfaitement claire.

Si les fûts ont contracté une *odeur de moisi*, on les désinfectera par un lavage, soit au lait de chaux, soit avec de l'eau à laquelle on aura ajouté un dixième de son poids d'acide sulfurique ; cette eau doit séjourner dans le tonneau de 21 à 48 heures ; on pratique ensuite plusieurs rinçages à l'eau pure, puis on soufre.

Une infusion chaude de feuilles de pêcher suivie, quelque temps après, d'un rinçage, enlève aussi les mauvaises odeurs. On agit de même pour les barriques qui ont contenu du vin rouge, en remplaçant toutefois l'eau acidulée par de la lessive bouillante, ou par 20 litres d'eau et 2 kilog. de cristaux de soude.

Lorsque les tonneaux ne dégagent aucune odeur, on se contente de les soufrer ou de les flamber à l'alcool.

Dans les fûts à *goût d'aigre*, verser 5 litres d'eau bouillante, 500 grammes de chaux vive, 100 grammes de potasse, rouler le fût plusieurs fois par jour et y laisser séjourner le mélange pendant quatre jours, puis vider et rincer.

Dans les *tonneaux neufs*, verser également de l'eau très chaude avec 500 grammes de sel de cuisine, ou encore y introduire de bon marc de pommes sortant du pressoir et l'y laisser plusieurs jours.
~~~~~~

Le cidre est sujet à diverses maladies ; il peut devenir *aigre, filant* ou *gras, trouble, noir*.

Cidres aigres. — On combat l'acidité en ajoutant 100 grammes de tartrate de potasse par hectolitre de liquide. — Un excellent moyen de prévenir cette maladie, c'est, aussitôt qu'on entame le tonneau, de verser par la bonde, de l'huile qui forme une couche à la surface du cidre dont le contact avec l'air atmosphérique, cause de la maladie, se trouve supprimé.

Cidres filants ou gras. — Les remèdes consistent à mettre par hectolitre, soit 300 grammes d'alcool, ou 25 grammes de cachou, ou 20 grammes de noix de galle concassées, ou 6 grammes de tannin, ou encore 32 grammes de tartrate de potasse dissous dans l'eau, ou enfin 2 à 3 litres de poires pilées.

Cidres troubles. — Il suffit d'ajouter du sucre pour les clarifier : de 150 à 250 grammes par hectolitre, dissous dans du cidre tiède, suffisent pour établir une nouvelle fermentation, qu'on peut aussi provoquer en prenant du cidre d'un tonneau qui bout.

Cidres noirs. — Ce sont les cidres qui noircissent, se *tuent* dès qu'ils sont tirés du fût ; pour les guérir, on ajoute de 20 à 30 grammes d'acide tartrique, ou de 10 à 15 grammes d'acide citrique, ou un peu de cassonade et de gomme arabique ; les eaux calcaires sont souvent cause de ce défaut.

Fleurs. — La surface du cidre contenu dans un tonneau en vidange se couvre quelquefois de moisissures blanchâtres auxquelles on donne le nom de *fleurs* ; ces fleurs n'apparaissent pas si l'on a préalablement versé une couche d'huile.

Du reste, il existe un moyen presque infaillible de prévenir toutes ces maladies: nettoyer parfaitement et soufrer les tonneaux qui doivent contenir du cidre.

De la cave. — La cave sera très proche du pressoir, sinon contiguë ; le sol en sera sec, dur (dallage, pavage ou béton), facile à nettoyer et présentera une pente légère, afin que l'eau puisse s'en écouler par une rigole ; elle devra aussi être percée de soupiraux sur deux faces opposées; enfin on n'y déposera aucune substance sujette à décomposition.

(Pour les trois chapitres qui concernent les pommiers, leurs fruits et le cidre, l'excellent ouvrage de M. I. Renaude, *Culture du pommier*, a été fréquemment consulté).

JANVIER

VINGT-SEPTIÈME LEÇON

(RÉVISION)

~~~~~~

VINGT-HUITIÈME LEÇON

TRAVAUX D'HIVER

Conservation des graines, des tubercules, des racines

C'est pendant la mauvaise saison que l'on établit ou répare les clôtures. Un grand nombre d'herbages sont entourés de haies que l'on plante de décembre à mars. D'autres pâturages sont clos à l'aide de fils de fer galvanisé, garnis de pointes; ces fils, appelés ronces artificielles, sont fixés à des piquets en bois, hauts de 1 m. 20 environ et espacés de 3 à 5 mètres. Il est bon, pour que ces piquets durent plus longtemps, de les peindre au coaltar et d'en carboniser légèrement l'extrémité qui sera enfoncée dans le sol.

Dans les lieux humides, les meilleures clôtures sont les fossés qui servent de décharge aux rigoles d'assainissement et aux tuyaux de drainage; fossés et rigoles, — aussi bien d'assainissement que d'irrigation — sont curés et redressés.

Une clôture d'ormes ou d'autres arbres ne peut que nuire aux récoltes, aussi n'en doit-on faire que le long des chemins ou des cours d'eau, en espaçant suffisamment les sujets.

Si cette saison est celle du pressurage ou de la fabrication du cidre, c'est aussi, surtout en novembre et en décembre, que l'on plante les pommiers, opération qu'il faut se garder d'exécuter par un temps de pluie ou de gelée.
~~~~~~

Dans les plants on enlève le gui, on gratte le tronc et les grosses branches pour détruire les mousses, lichens, et les insectes qui se réfugient sous les vieilles écorces, puis on badigeonne d'un lait de chaux. — On emploie aussi, et avec avantage avons-nous dit, une dissolution de 15 à 20·% de sulfate de fer. — Enfin, on bêche le terrain au pied des arbres et on y répand des *composts*.

Les arbres morts sont arrachés et enlevés ; tous les pommiers sont visités pour qu'il n'y reste ni branches sèches ni gourmands ; on élague tout ce qui est nuisible ou superflu. Les haies sont taillées ou émondées ; on ébranche ou abat les arbres dont le bois servira de combustible. — L'échenillage doit être commencé en, mars et terminé fin juin.

Les travaux d'irrigation, de drainage, l'épierrement des champs, l'établissement et l'entretien des voies d'exploitation ou chemins ruraux ; le transport et l'épandage des *tombes* et autres engrais sur les herbages ont une grande importance et ne doivent pas être négligés ; ces derniers doivent être exécutés de bonne heure et il ne faut les ajourner, au mois de février ou de mars, que lorsqu'on ne peut agir autrement.

Nous y ajouterons le nettoyage des grains et le triage des semences ; les fèves, féverolles, haricots, seront écossés ou battus.

Le cultivateur doit enfin profiter du répit que lui laisse la saison d'hiver pour passer une revue générale de son matériel agricole. Une machine rouillée ne fonctionnant qu'imparfaitement, tous les instruments de culture seront donc nettoyés avec soin, et les parties métalliques, les vis, les écrous recouverts de vaseline ; si quelque pièce est brisée, elle sera renouvelée ou réparée ; les voitures et les harnais ne seront pas oubliés ; les cuirs seront grattés ou lavés à l'eau tiède, puis séchés et graissés de vaseline également ; on peut remplacer celle-ci par un mélange de 4 de gras de porc et d'un quart de poix fondus ensemble : c'est le seul procédé à suivre, si l'on veut disposer constamment d'un bon outillage et le faire durer le plus longtemps possible.

C'est aussi pendant l'hiver que l'on peut faire son inventaire, lire de bons ouvrages d'agriculture, etc.. .

Conservation des grains, tubercules, racines. — Les grains sont déposés dans des greniers très propres et faciles à aérer, dont les ouvertures sont garnies d'un treillis métallique, afin que les oiseaux et les petits rongeurs ne puissent y pénétrer. — Les tas de blé sont souvent attaqués par un insecte, le charançon ou calandre, qui occasionne des dégâts considérables.

Pour combattre cet ennemi, on remue le grain de manière à disperser les insectes que l'on écrase. On peut aussi faire usage de chlorure de chaux, d'une solution concentrée de sel répandue dans les fentes du plancher, ou suspendre aux poutres du grenier des plantes à odeur forte, absinthe, menthe poivrée, ou encore étendre des peaux de mouton dont la laine est en contact avec les grains de blé ; les calandres se réfugient dans la laine et l'on va secouer les peaux dans la basse-cour, où les volailles dévorent les insectes.

Le colza est placé dans un grenier planchéié, également bien aéré. Lorsque les graines ne sont pas suffisamment sèches, on les étend d'abord en couches minces qu'il est nécessaire de remuer jusqu'à dessiccation complète.

Les racines et les tubercules sont conservés dans des caves ou dans des appartements situés au rez-de-chaussée et bien abrités. Au besoin, les côtés et le dessus du tas sont garnis d'une couche de paille au moment des grands froids. — Les silos sont rarement en usage, bien que les racines s'y conservent très bien : ce sont des fosses de 0 m. 55 à 0 m. 70 de profondeur sur 1 m. 20 de largeur et d'une longueur qui varie suivant la quantité de betteraves, carottes, dont on dispose ; on les y entasse jusqu'à une hauteur de 0 m. 60 à 0 m. 70 au-dessus du sol, et on les recouvre d'une couche de terre que l'on appuie fortement à la pelle ; on creuse ensuite à l'entour un fossé d'un mètre de profondeur dont on rejette la terre sur le tas. Lorsqu'on a besoin de racines, on commence à en retirer par une extrémité et l'on finit par l'autre.

Le foin est entassé dans les greniers. Il arrive quelquefois qu'on le rentre un peu humide : dans ce cas, il n'est pas lié en bottes, mais disposé par couches entre lesquelles on sème du sel pour en prévenir la fermentation.

L'ensilage des fourrages verts peut aussi se faire avec succès, mais d'une façon différente.

VINGT-NEUVIÈME LEÇON (Avec gravures à l'appui)

LES MAMMIFÈRES (Suite)

SOMMAIRE : Principaux ordres des mammifères : 1° les *bimanes* (l'homme dont il a été déjà question : 4 races) ; 2° les *quadrumanes* (singes), à traiter en quelques mots ; 3° les *carnivores*, pourvus de griffes et dont les canines sont longues et pointues. Les répartir en deux catégories, comme suit, et s'occuper surtout de ceux qui sont dans la région. Procéder de même pour les autres leçons.

CARNIVORES :

1° *Utiles*. — Chien, chat, furet, etc.

2° *Nuisibles*. — Lion, tigre, loup, renard, fouine, putois, marte, belette, loutre, ours, blaireau, etc ...

Faire connaître quels services nous rendent les premiers et quels préjudices nous causent les seconds.

TRENTIÈME LEÇON (Avec gravures)

LES MAMMIFÈRES (Suite)

SOMMAIRE : 4° les *amphibies* (phoques et morses) ; 5° les *chéiroptères* (chauves-souris, animaux qu'il faut protéger à cause de la grande quantité d'insectes dont ils font leur nourriture) ; 6° les *insectivores*, dont les membres antérieurs sont organisés pour creuser et remuer le sol (hérissons, musaraignes qui sont très utiles, ainsi que les taupes) ; 7° les *rongeurs* qui ont un système dentaire spécial.

RONGEURS :

1° *Utiles* — Lapin domestique, cobaye ou cochon d'Inde, castor dont la fourrure est recherchée.

2° *Nuisibles*. — Écureuil, marmotte, loir, rat, souris, mulot, campagnol, porc-épic, lapin de garenne, lièvre (ces deux derniers ne sont utiles que par leur chair).

8° les *édentés* qui, pour nous, n'ont aucune importance.

TRENTE-UNIÈME LEÇON (Avec gravures et aussi à l'aide de spécimens, au cours des promenades)

LES MAMMIFÈRES (Suite)

SOMMAIRE : 9° *ruminants*, 4 estomacs ; comment ces animaux absorbent leur nourriture ; leurs dents ; forme de leurs pieds ; tête surmontée de cornes chez la plupart ; aucun ruminant n'est nuisible ; fournir des détails sur les principaux.

RUMINANTS :

1° *A cornes.* — Vache, mouton, chèvre, chamois, isard, antilope, gazelle, cerf, élan, renne, daim, chevreuil, girafe.

2° *Sans cornes.* — Chameau, dromadaire, lama, chevrotain.

TRENTE-DEUXIÈME LEÇON (Avec gravures et spécimens)

LES MAMMIFÈRES (Suite)

SOMMAIRE : 10° *pachydermes.* Les plus gros animaux font partie de cet ordre dont les divers individus ont la peau généralement nue et très épaisse. Leurs pieds ont différentes conformations. Quelques-uns ont deux dents énormes appelées défenses. Détails sur les plus connus.

PACHYDERMES :

1° *A trompe.* — Eléphant, mammouth, mastodonde ; (ces deux derniers, fossiles).

2° *Sans trompe.* — Hippopotame, rhinocéros, sanglier, porc, cheval, âne, zèbre.

Le porc, le cheval et l'âne sont d'une utilité incontestable.

TRENTE-TROISIÈME LEÇON (Avec gravures)

LES MAMMIFÈRES (Fin)

SOMMAIRE : 11° *Cétacés.* Ils vivent dans la mer et ressemblent aux poissons (lamantin, dauphin, marsouin, baleine, cachalot) ; ces deux derniers fournissent, la première, de l'huile, ainsi que la matière cornée, désignée sous le nom de baleine, le second, le blanc de baleine et l'ambre gris ; 12° *marsupiaux.* Ces animaux ont une poche sous le ventre et leurs membres postérieurs sont plus développés que les antérieurs (sarigue, kanguroo) ; 13° *monotrèmes*. Ne citons que l'ornithorynque, dont les pieds sont palmés et la bouche transformée en un bec semblable à celui du canard.

Ces trois derniers ordres nous intéressent peu.

TRENTE-QUATRIÈME LEÇON

DES DIVERS SOLS ; TERRES FRANCHES ; SOUS-SOL

En agriculture, le sol est la couche superficielle de terre qui est remuée par les instruments aratoires et dans laquelle se développent les racines des plantes. On peut en augmenter la profondeur, qui varie de 0 m. 20 à 0 m. 30, par des défoncements ; on le modifie par des amendements et on le fertilise par des engrais.

Dans la 6ᵉ leçon, nous avons indiqué la composition de la terre arable qui prend différents noms, selon l'élément qui domine : terre *argileuse*, terre *calcaire*, terre *siliceuse*.

Bien connaître la composition du sol est d'une importance capitale pour le cultivateur ; c'est la première étude qu'il doit faire, afin de bien appliquer les amendements et les engrais qui conviendront aux différentes cultures.

La terre *argileuse* est celle où l'argile domine : c'est la terre glaise, terre à poterie, compacte, douce au toucher, qui durcit au soleil. On l'appelle terre forte ou pesante parce qu'elle est difficile à travailler, et terre froide parce que les rayons du soleil la pénètrent insuffisamment ; elle est imperméable, c'est-à-dire qu'elle retient l'eau, d'où la nécessité du drainage dans les terrains argileux humides.

La terre *calcaire* est celle où la pierre à chaux (carbonate de chaux) domine. On la désigne sous le nom de terre sèche, parce qu'elle se dessèche promptement ; elle consomme vite les engrais. Un sol calcaire se soulevant par suite du gel et du dégel, les racines des plantes qui y croissent se trouvent déchaussées.

Le calcaire faisant effervescence lorsqu'on l'arrose d'un acide, il est facile de reconnaître sa présence dans un terrain (6ᵉ leçon).

Le terre *sableuse* renferme principalement du sable ; on l'appelle encore terre légère, parce qu'elle est facile à travailler et terre chaude, parce qu'elle se laisse pénétrer par les rayons du soleil. Elle est perméable, c'est-à-dire qu'elle laisse passer ou filtrer l'eau ; aussi l'irrigation est-elle nécessaire dans les sols sableux, lorsqu'elle peut y être pratiquée.

Aucune de ces terres ne serait cultivable si elle était seule. Les meilleures sont celles qu'on désigne sous le nom de terres *franches* et qui contiennent :

De 20 à 30 pour cent d'argile ;
De 50 à 70   id.   de sable ;
De 5 à 10   id.   de calcaire très divisé ;
De 5 à 10   id.   de terreau ou humus.

L'*argile*, le *calcaire*, le *sable* et *l'humus* sont les éléments physiques du sol.

La majeure partie des terrains de l'arrondissement sont des terres franches ; dans les autres, l'argile domine, et quelquefois la silice ou la marne ; on remarque aussi, en petite quantité, quelques sols schisteux et quelques prairies argilo tourbeuses ou humifères.

Sous-sol. — Immédiatement au-dessous du sol se trouve le sous-sol ; sa nature est assez souvent la même que celle dont était primitivement la couche supérieure, mais il peut être aussi d'une nature différente ; dans ce cas, il a son importance, car il corrige les défauts du sol. Si celui-ci est argileux et que le premier soit sableux, ou inversement, les excès d'humidité ou de sécheresse seront moins à redouter. D'ailleurs, on peut toujours, par des labours profonds, ramener une partie du sous-sol à la surface.

(Renouveler l'expérience qui consiste à reconnaître l'argile, le calcaire, le sable.)

TRENTE-CINQUIÈME LEÇON

(COMPOSITION)

FÉVRIER

TRENTE-SIXIÈME LEÇON

AMENDEMENTS ET STIMULANTS

Pour transformer tout sol, dont la nature laisse à désirer, en terre franche, on emploie des amendements qui en atténuent ou corrigent entièrement les défauts physiques.

Les principaux amendements dont on fait usage sont la *chaux*, le *plâtre* et le *sable*.

Chaux. — L'arrondissement possède beaucoup de carbonate de chaux que l'on calcine ou cuit dans des fours construits spécialement pour cette opération.

On n'emploie pas immédiatement la chaux qui brûlerait les racines, mais on la dispose par petits tas de 0 m. 30 de haut que l'on recouvre de terre et qu'on laisse fuser ainsi pendant plusieurs jours. Quand elle est désagrégée, on la mélange avec la terre qui servait à la couvrir ; c'est ce qu'on appelle le *recoupage*. La chaux est ensuite étendue le plus également possible et, par un premier labour, enterrée peu profondément ; on herse plusieurs fois ; enfin on donne un labour définitif et plus profond. Cet amendement est indispensable aux sols tourbeux et aux sols argileux ; il aide à la nitrification et transforme les phosphates insolubles en acide phosphorique ; on ne l'emploie pas dans les terres légères.

On reconnaît qu'un terrain a besoin d'être chaulé quand il produit, sans culture, la bruyère, la fougère, l'avoine à chapelet, l'oseille rouge.

La *marne*, ou pierre à chaux, peut aussi être employée, à raison de 30 à 200 mètres cubes à l'hectare ; on la répartit en petits monceaux et, lorsqu'elle est délitée, on la répand et on laboure et herse le sol comme il a été dit ci-dessus.

La chaux prise sur place coûte 12 fr. la tonne ; il en faut de 7 à 8 mille kilogrammes à l'hectare.

Plâtre. — C'est un stimulant qui se sème en poudre, dans la proportion de 200 kilogrammes par hectare ; il est, en général, trop peu employé. Cependant les bons effets qu'il produit sur le sainfoin, le trèfle et la luzerne ne sont plus à prouver ; il favorise la croissance de ces fourrages, hâte leur développement et féconde la récolte qui suivra. Le sac de 20 kilogrammes vaut 1 fr. 50.

Sable. — Le sable est un bon amendement pour les terres argileuses qu'il ameublit, de même que l'argile est un amendement pour les terrains siliceux. — Il ne coûte que les frais de transport, les cultivateurs étant autorisés par la marine à le prendre gratuitement sur les bords de la mer.

Tangue. — Sable mêlé à des débris de végétaux et d'animaux, de varechs, de coquillages ; la tangue est, à la fois, un amendement et un engrais, mais elle est assez rare ; elle peut remplacer la chaux, attendu qu'elle en renferme 3/5, à l'état de carbonate.

Charrée. — C'est la cendre végétale, lessivée ; elle est très riche en phosphate de chaux et produit de bons effets sur le trèfle et le sarrasin. On la répand après l'ensemencement, à la dose de 25 à 30 hectolitres par hectare ; elle revient à 1 fr. l'hectolitre.

Écobuage, cendres. — La suie et les cendres sont peu utilisées pour l'agriculture. Il en est de même de l'écobuage qui se pratique rarement ; on se contente de réunir les mauvaises herbes en tas et de les brûler, ou de les laisser pourrir à l'extrémité du champ. Le sel marin serait aussi un excellent stimulant, soit mélangé au fumier ou au purin, soit semé seul.

L'*écobuage* est utile dans les terrains argileux, envahis par le chiendent, et dans les herbages pauvres. Au printemps, on laboure puis on retourne plusieurs fois les grosses mottes : quand l'herbe est sèche, on dispose, en une sorte de four, ces mottes les unes contre les autres, l'herbe à l'intérieur des tas ; on allume, et on bouche toutes les ouvertures pour que la combustion soit très lente ; ensuite on démolit les tas et on dissémine les cendres et la terre calcinée. Cette opération qui produit de la potasse nettoie et améliore le sol et détruit les insectes.

Expériences : 1° Calciner, dans le poêle, un morceau de craie (carbonate de chaux); on obtient de la chaux vive que l'on éteint dans de l'eau, en constatant qu'il y a production de chaleur ; 2° mettre dans un verre la partie limpide du liquide obtenu (eau de chaux) et souffler dans ce liquide avec une paille; l'eau se trouble, la chaux dissoute se combinant avec l'acide carbonique que nous rejetons, pour former de nouveau du carbonate de chaux insoluble; 3° déposer un morceau de craie dans un verre et verser du vinaigre dessus ; il se produit une effervescence, et de l'acide carbonique se dégage : comme ce gaz n'entretient pas plus la combustion que la respiration, une allumette enflammée, placée dans le verre, s'éteint.

TRENTE-SEPTIÈME LEÇON

ENGRAIS

Les engrais rendent le sol fertile ; ils ont pour but de lui restituer les éléments chimiques qui lui ont été enlevés par les récoltes, et qui sont nécessaires aux nouvelles plantes que l'on se propose de cultiver.

Fumier. — Le plus connu et le plus employé de tous les engrais est le fumier de ferme : c'est d'ailleurs l'engrais complet, l'engrais par excellence. Il est composé de matières animales (excréments solides et liquides des animaux) mélangés à des matières végétales (pailles de diverses provenances).

Les déjections des pigeons, des volatiles de la basse-cour constituent un engrais énergique, la *colombine*. Le fumier de cheval, d'âne, de mouton est chaud ; celui des bêtes à cornes et des porcs est froid ; le premier convient aux terres argileuses ; le second aux terrains calcaires et sableux ou siliceux.

La quantité de litière à fournir doit être, pour le cheval, à peu près égale au poids du fourrage consommé ; les vaches et les porcs en exigent proportionnellement davantage ; les moutons, moins.

En général, on n'apporte pas assez de soin à l'organisation des *fumières*. On remarque, chez certains cultivateurs, une incurie qui compromet leurs intérêts, en même temps que la santé publique.

La fumière (fosse à fumier) est établie n'importe où, souvent devant la porte et sous les fenêtres de l'habitation, sans aucun souci de l'écoulement du purin qui ira se perdre dans la rue, s'infiltrera dans le sol, voire dans la mare qui sert d'abreuvoir. Les domestiques charrient par brouettées le fumier qu'ils retirent des étables et le jettent, sans plus de soin, sur le tas, où il perd le tiers de son azote. Aussi, ne tarde-t-il pas à moisir ; la pluie le lave, le soleil le dessèche, et la terre ne reçoit que des débris de litière ayant, pour ainsi dire, perdu tout principe fertilisant.

Le fumier doit être entassé sur une plate-forme, très proche des étables et aussi éloignée que possible de l'habitation ; cette plate-forme ou aire sera nivelée, battue et disposée sur un terrain légèrement en pente, afin que le purin se rende dans une citerne creusée à proximité, et d'où on le rejettera sur les tas chaque fois qu'il sera nécessaire. Le fumier sera réparti en plusieurs monceaux contigus, pour que le vieux' ne soit pas placé sous le nouveau, et puisse être enlevé le premier.

Il faut avoir soin que le fumier ne soit pas trop exposé au soleil qui l'échauffe et le dessèche ; il doit être installé quand c'est possible, sous de grands arbres à feuillage épais, tels que le noyer ; on recouvre les tas achevés, de paille ou de terre. Une couverture de terre végétale est ce qui vaut le mieux : le fumier se décompose alors en terreau et ne perd pas plus de 2 0/0 de son azote. On doit se garder de jeter au fumier les criblures de grains qui, plus tard, nuiraient aux récoltes : qui salit son fumier, salit son champ.

La plate-forme sera entourée d'un rebord qui empêchera les eaux pluviales de laver le pied du tas et de se mêler au purin. — Pendant les chaleurs, on arrosera avec ce purin qui, additionné d'eau, constitue un excellent engrais pour les prairies, les plantes potagères, les choux, les racines et le colza.

Pour qu'il n'y ait pas de déperdition d'ammoniaque, on sèmera du plâtre en couverture ou on ajoutera au fumier du sulfate de fer ; l'acide sulfurique très étendu

d'eau et les superphosphates ne sont pas moins bons.
— Cet engrais contient en moyenne, et pour mille parties : azote, 6,5 ; acide phosphorique, 5,5 ; potasse, 7,3.

La quantité de fumier à employer varie selon la qualité et selon le degré de fertilité du sol ; elle est environ de 30 à 40 mille kilogrammes à l'hectare; (fumure faible, 20,000 kilogrammes ; fumure moyenne, 40,000 kilogrammes ; forte fumure, 60,000 kilogrammes).

Dans les champs, le fumier est déposé en petits tas qui sont immédiatement épandus à la fourche ; on laboure ensuite. Si le fumier était laissé longtemps étendu sur le sol, exposé aux intempéries, il perdrait une quantité d'azote qui peut dépasser plus de 60 0/0. Le *guano du Pérou*, assez peu employé, est riche en azote et en acide phosphorique.

Parcage. — Le parcage qui se pratique pendant la belle saison, de mai à octobre, consiste à enfermer, au moyen de claies, et à faire coucher un troupeau de moutons sur le champ même qu'on veut fumer (pâturage ou labour). On estime qu'un mouton fume un mètre carré par nuit. Le parcage active beaucoup la végétation, surtout celle des herbes des prairies.

Composts. — Les boues, les curures de fossés ou de mares et divers détritus sont souvent mélangés à de la chaux, mis en tas prismatiques, nommés *tombes ;* on les remue à la houe et à la bêche à trois reprises différentes, et on les laisse mûrir pendant un an ou deux, puis on les répand sur les prés et les herbages, quelquefois sur les terres de labour auxquelles la charrue et la herse les mélangent. La suie, le marc de pommes, etc., peuvent entrer dans la composition de ces tombes.

Tourteaux. — Résidus de la graine de colza dont on a extrait l'huile. On achète les tourteaux en tablettes qu'il faut réduire en poudre sous des meules. Cette poudre est semée sur les terres ; c'est un engrais très puissant qui convient surtout au froment et au colza. Les tourteaux s'emploient à la dose de 1,000 à 1,200 kilogrammes par hectare, et coûtent de 10 à 12 fr. les 100 kilogrammes.

Marc de pommes. — Mélangé avec de la chaux ou

du phosphate de chaux qui en enlèvent l'acidité, il sert d'engrais aux arbres à cidre.

Varechs. — Dans les communes du littoral de la Manche, on utilise avec soin les varechs, les algues et autres plantes marines qui ne coûtent que les frais de transport et qui constituent un excellent engrais ; il faut les épandre le plus vite possible ; sinon la partie du sol recouverte par les tas serait imprégnée d'une trop grande quantité de sel marin.

Engrais verts. — Très rarement employés, ils consistent dans l'enfouissement, par la charrue, du seigle vert, de la moutarde, de la vesce, du sarrasin. Il est indispensable, pour ces engrais, de semer des légumineuses qui prennent dans l'air l'azote dont elles ont besoin et en enrichissent le sol : de plus, les végétaux choisis doivent croître rapidement, afin d'occuper le terrain peu de temps.

TRENTE-HUITIÈME LEÇON

ENGRAIS CHIMIQUES

Le fumier de ferme est le principal engrais, mais son insuffisance ou sa mauvaise qualité obligent les cultivateurs à employer les engrais *chimiques* ou de *commerce* qui complètent son action et qui sont d'ailleurs indispensables à qui veut obtenir le maximum de produits sans cependant épuiser le sol : « Les divers engrais doivent être intimement mélangés à la terre dans toutes les parties du sol où les racines se développent. »

On comprend que chacun doit connaître d'abord les éléments physiques et chimiques de ses divers champs, ainsi que les principes fertilisants nécessaires aux différentes cultures (voir 11ᵉ leçon) ; il ne reste plus qu'à être fixé sur la composition et le dosage des principaux engrais chimiques, pour utiliser celui qui convient le mieux, à tel ou tel sol et à telle ou telle plante.

Ces engrais se divisent : 1° en *engrais azotés (sulfate d'ammoniaque,* dont l'effet n'est pas immédiat ; *nitrate de soude* et *nitrate de potasse* ou *salpêtre*, tous deux assimilables immédiatement) ; pour empêcher l'altération des nitrates, on les place dans un lieu où l'humidité ne pénètre pas; 2° en *engrais phosphatés* qui fournissent l'acide phosphorique (*phosphates d'os, phosphates minéraux, scories de déphosphoration* qui se décomposent lentement, mais que l'humus du sol rend promptement assimilables) et *superphosphates* dont l'effet se fait sentir sur le champ; 3° en *engrais potassiques (chlorure de potassium, carbonate de potasse, phosphate de potasse, kaïnite* composée principalement de sulfate de potasse), tous solubles dans l'eau.

Le nitrate de soude est le plus employé des engrais minéraux azotés ; si l'on veut voir croître rapidement les céréales qui paraissent souffrantes au printemps, on sèmera, dessus, cet engrais en couverture.

Il produit également de bons résultats sur le colza, la carotte et la betterave. Trois cents kilogrammes paraissent suffisants à l'hectare ; en couverture, on n'en sème que 100 kilogrammes ; le prix est de 22 à 28 francs les 100 kilogrammes.

La *nitrification* s'opère lorsque le sol est très meuble; c'est donc lorsqu'on doit l'ensemencer qu'il faut le mettre en excellent état; l'eau de pluie entraîne les nitrates solubles d'un terrain laissé en jachère.

L'azote organique ne se perd pas dans le sol, mais il est insoluble ; il est rendu assimilable, en formant des sels ammoniacaux, — ou de l'azote nitrique, combinaison d'azote et d'oxygène, — s'associant avec des bases : potasse, chaux, soude, pour former des nitrates solubles, par la nitrification qui s'opère sous l'influence de l'air (d'où nécessité de tenir le sol meuble), de l'humidité, de la chaleur (5° à 15°) et si le sol renferme une base, principalement de la chaux ; (l'azote est transformé d'abord en ammoniaque, puis en nitrate).

Les *légumineuses*, enfouies comme engrais vert, donnent beaucoup d'azote au sol.

Les phosphates et superphosphates conviennent à tous les sols et particulièrement aux sols argileux ; on les emploie souvent mélangés aux nitrates et aux tourteaux à la dose de 1.000 kilog. pour les premiers et de 300 à 500 kilog. pour les seconds ; ils réussissent sur les céréales et valent, les phosphates de 3 à 5 fr. et les superphosphates de 6 à 8 fr. les 100 kilog. ; ceux-ci paraissent éloigner les mans.

Quant aux scories de déphosphoration, leurs phosphates, insolubles dans l'eau, sont directement assimilés par les racines des végétaux ; en outre, elles fournissent de la chaux au sol ; on peut les employer à n'importe qu'elle saison, soit au moment des labours, soit en couverture, (de 800 à 1,000 kilog. à l'hectare ; prix : 5 à 6 fr. les 100 kilog.). Excellent engrais dont l'usage ne peut être trop conseillé.

Comme engrais potassique, on emploie la kaïnite, dont les 100 kilog. coûtent de 6 à 7 fr. et dont il faut 400 kilog. à l'hectare — ou le chlorure de potassium que l'on sème sur les prairies artificielles, les prairies naturelles, ainsi que sur les pommes de terre. La dose est de 100 à 200 kilog. ; le prix de 22 à 24 fr. les 100 kilog.

(Le guano et la colombine sont riches en azote ; les cendres de plantes terrestres, en potasse).

Bien qu'il n'existe pas un seul engrais tellement complet, qu'il puisse convenir indistinctement à n'importe quelle plante et que « l'excès d'un élément chimique soit aussi nuisible que son insuffisance, le développement du végétal ne se faisant qu'en raison de l'élément qu'il trouve en plus petite quantité dans le sol », on doit toujours cependant se rappeler : 1° que la meilleure fumure est celle qui ajoute au fumier les engrais ou éléments chimiques que réclame la plante à cultiver et dont le sol est dépourvu ; 2° que l'azote, l'acide phosphorique, la potasse et la chaux sont absolument nécessaires au développement de tous les végétaux, avec une dominante plus ou moins grande de l'un ou de l'autre de ces éléments, dominante qui doit plutôt concerner le sol que la plante : pour les betteraves, les pommes de terre, la dominante est la potasse ; pour les céréales, le colza, c'est l'acide phosphorique, qui agit principalement sur le grain ; les herbages et les prairies naturelles préfèrent l'azote ; cependant, les scories de déphosphoration et la kaïnite leur sont également profitables et les améliorent à tous les points de vue.

Le sulfate de fer est fréquemment employé avec ces engrais, non qu'il en soit un lui-même, mais il détruit les mousses, combat la chlorose, etc.

Voici, pour différentes cultures, les quantités d'engrais à employer à l'hectare :

Pour les blés *(en terre argileuse)*

400 kilogr. de superphosphate } ou 800 kil. de scories.
100   —   de phosphate }
100   —   de sulfate de fer, à 6 fr. les 100 kilogr.

(En terrain calcaire)

200 kilogr. de superphosphate } ou scories.
500   —   de phosphate }
100   —   de sulfate de fer.

(En terres épuisées ou en mauvais état)

200 kilogr. de sulfate d'ammoniaque, à 26 fr. les 100 k.
400   —   de superphosphate } ou scories.
200   —   de phosphate }
200   —   de kaïnite.
100   —   de sulfate de fer.

Pour les avoines, orges et seigles

100 kilogr. de sulfate d'ammoniaque.
200   —   de superphosphate } ou scories.
100   —   de phosphate }
100   —   de kaïnite.
100   —   de sulfate de fer.

Pour les prairies naturelles à faucher

400 kilogr. de superphosphate } ou 1.000 k. de scories.
200   —   de phosphate }
100   —   de chlorure de potassium.
100   —   de sulfate de fer.

Pour les prairies naturelles à pâturer

300 kilogr. de superphosphate } ou scories.
100   —   de phosphate }
50   —   de chlorure de potassium.

Pour les prairies artificielles *(légumineuses)*

```
400 kilogr. de superphosphate  }
200    —    de phosphate        }  ou scories.
200    —    de plâtre.
200    —    de kaïnite.
```

Se garder de mélanger ces divers engrais avant d'en faire usage ; même, il vaut mieux les semer séparément. Ne jamais les laisser à la portée des bestiaux, à cause de leurs propriétés toxiques. Ces produits peuvent être employés seuls ou comme compléments au fumier, lorsque celui-ci est en quantité insuffisante.

Pour être fertile, une terre arable doit renfermer les éléments chimiques indispensables dans les proportions suivantes :

```
Azote. . . . . . . .      1          pour 1,000.
Acide phosphorique.     1/2 à 1        id.
Potasse. . . . . . .      1            id.
Chaux . . . . . . . .   10 à 50        id.
```

Voici enfin, d'après M. Leroux, déjà cité, ce que contiennent d'azote, d'acide phosphorique et de potasse, la plupart des engrais énumérés ci-dessus :

NATURE DES ENGRAIS	POUR 100 KILOGRAMMES		
	AZOTE	ACIDE PHOS-PHORIQUE	POTASSE
Fumier de ferme	0.5	0.25	0.5
Purin.	0.15	0.01	0.49
Colombine	1 à 5	»	»
Nitrate de soude.	15 à 16	»	»
— de potasse. . . .	13	»	41
Sulfate d'ammoniaque . .	19 à 21	»	»
Tourteaux de Colza	5	2.5	1
Guano du Pérou.	10 à 16	»	»
Phosphates	»	12 à 20	»
Scories	»	10 à 20	»
Superphosphates	»	10 à 18	»
Chlorure de potassium . .	»	»	50
Sulfate de potasse (kaïnite).	»	»	45

TRENTE-NEUVIÈME LEÇON

DES LABOURS; ASSAINISSEMENT; DRAINAGE

Les *labours* doivent toujours être effectués à temps ; avec les *hersages* et les *roulages*, ils rendent le sol meuble, le débarrassent des mauvaises herbes, permettent aux agents atmosphériques : air, humidité, chaleur, de le pénétrer facilement et d'opérer la nitrification, c'est-à-dire de rendre l'azote assimilable aux racines.

Le labour qui se fait immédiatement après l'enlèvement des récoltes (fin août) — soit à la charrue, soit à l'extirpateur — pour enfouir le chaume, est appelé *déchaumage* ; il n'est profond que de 5 à 10 centimètres ; on exécute aussi des labours superficiels avant l'ensemencement des céréales de printemps.

Les labours ordinaires, profonds de 0 m. 20 à 0 m. 25, ont lieu à l'automne et sont répétés plusieurs fois ; ils ont surtout pour objet d'enterrer le fumier et de détruire les plantes nuisibles ; la terre, exposée aux froids de l'hiver, est aussi rendue plus meuble.

Le défoncement est un labour qui peut atteindre jusqu'à 0 m. 50 de profondeur ; il se pratique lorsqu'il est utile de mélanger une partie du sous-sol avec le sol ou lorsqu'on cultive des plantes à racines pivotantes ; dans ce dernier cas, on peut remuer le sous-sol sans le retourner ; des charrues spéciales et très fortes sont employées pour ces travaux.

On divise aussi les labours, en *labours en billons, en planches* et *à plat*.

Les premiers sont adoptés principalement pour les terrains humides : chaque billon, composé de peu de sillons est fortement bombé ; ses ados permettent à l'eau de s'écouler dans les raies assez profondes qui séparent les billons ; l'espace qu'occupent ces raies est peu productif.

Les seconds présentent des bandes planes, plus ou moins larges, séparées également par des raies, ce qui permet de mieux utiliser la superficie cultivable.

Enfin, les derniers qui ne sont effectués que pour des sols plans et horizontaux, ne conservant pas l'eau, ou du moins, suffisamment perméables, ne peuvent guère être exécutés pratiquement qu'à l'aide d'une charrue double, comme la *brabant*.

Assainissement. — On assainit un champ en lui enlevant son excès d'humidité. Lorsque l'eau ne séjourne qu'assez rarement et en petite quantité, le labour en billons, et des raies profondes ouvertes suivant la pente, ainsi que sur les lignes d'intersection de pentes opposées, quand le terrain est accidenté, suffisent pour déterminer l'écoulement des eaux superflues.

Drainage. — Dans les sols argileux, très compacts et qui, par leur situation, conservent longtemps l'eau, on n'obtient un assainissement complet que par le *drainage*. Dans les terres trop humides croissent naturellement les *colchiques*, les *renoncules*, les *joncs*, les *laiches*, les *prêles*, plantes inutiles ou nuisibles.

Le drainage se pratique de deux manières : 1° par des fossés ou rigoles d'écoulement à ciel ouvert; 2° par des tuyaux placés sous terre.

Le premier procédé, qui consiste à creuser des fossés allant déboucher dans un ruisseau voisin, est le moins dispendieux, mais il exige que les tranchées soient bien entretenues; quelquefois ces fossés sont remplis de pierre jusqu'à 12 ou 15 centimètres de l'ouverture ; le reste est comblé de terre, ce qui permet de cultiver toute la superficie du champ ; ces *pierrées*, comme on les appelle, ne peuvent, non plus, être de longue durée, les interstices qui existent d'abord entre les pierres étant vite obstrués.

Le véritable drainage consiste à établir, en tenant compte de la pente du terrain, — et à une certaine profondeur (de 0 m. 60 à 1 m. 30), — des lignes de tuyaux en terre cuite destinés à recevoir l'eau et à la conduire en dehors du champ, dans un ruisseau, une mare ou un fossé.

On commence par déterminer les pentes du terrain ; on jalonne les lignes où l'on posera les tuyaux, puis on creuse les tranchées. Pour ce travail on se sert de la bêche de drainage, au fer étroit, concave et allongé, et de la drague de drainage, recourbée et concave, avec laquelle on enlève la terre du fond des fossés.

On creuse d'abord, dans le sens des plus grandes pentes, les tranchées principales, au fond desquelles on place des tuyaux de 8 à 10 centimètres de diamètre ; ces gros tuyaux débouchent directement dans le fossé d'écoulement: ce sont les *drains collecteurs* où viennent aboutir obliquement d'autres tuyaux de 3 à 4 centimètres de diamètre appelés *drains*.

Les lignes de drains sont espacées de 10 à 15 mètres les unes des autres.

Les tuyaux dont la longueur est uniformément de 0 m. 33, varient de prix suivant leur diamètre ; ceux de 0 m. 04 reviennent à 40 ou 45 fr. le mille ; ceux de 0 m. 10 à 90 fr. environ.

La main-d'œuvre (ouverture des tranchées, pose des tuyaux, remplissage) coûte de 0 fr. 10 à 0 fr. 20 le mètre courant.

Le drainage est pratiqué de plus en plus, à juste raison, car les résultats qu'il donne compensent largement la dépense qu'il entraîne ; le terrain drainé est pénétré par les agents atmosphériques ; il s'échauffe, devient meuble et plus fertile, de sorte que le revenu s'en trouve doublé.

Le drainage d'un hectare revient à peu près à 300 fr.

Nota : Le nivellement exact du terrain est indispensable pour assurer la réussite de l'opération ; ce travail préparatoire est exécuté, avec le plus grand soin, par des agents que délègue l'Administration des Ponts et Chaussées, si les intéressés adressent, à cet effet, à M. le Préfet, une demande sur timbre de 0 fr. 60.

QUARANTIÈME LEÇON

NEIGE, GLACE, GRÊLE

Hygiène des appartements, du chauffage et des vêtements

La *neige* provient de la solidification, par une température égale ou inférieure à 0°, des gouttelettes formées par la vapeur d'eau ; la réunion de plusieurs de ces parcelles est un flocon.

La *glace* résulte aussi de la solidification de l'eau ; elle se forme également à 0° ; la glace occupe un volume plus grand que la quantité d'eau dont elle provient, ce qui explique pourquoi elle brise quelquefois les vases qui la renferment.

Agriculture. — La neige est utile aux plantes, principalement aux semailles d'hiver auxquelles elle procure un abri protecteur qui les garantit des froids rigoureux.

La gelée désagrège les calcaires, mûrit les vases et boues, ameublit les sols argileux, labourés ou défoncés avant l'hiver, mais elle peut nuire aux arbres fruitiers et aux céréales.

Lorsque les terrains ensemencés — sols calcaires principalement — sont soulevés par des gels et dégels successifs, on doit les rouler au printemps pour les affermir et afin que les racines des plantes ne restent pas déchaussées.

La *grêle*, produite par les orages, dans les régions supérieures, sous l'influence du froid et de l'électricité, est toujours nuisible.

Hygiène des appartements. — La meilleure orientation d'une habitation, dans le Bessin, est le sud-est, à cause de la direction des vents dominants et de la pluie. — Une maison récemment achevée ou restaurée est peu salubre : il est malsain d'*essuyer les plâtres*. Il est nécessaire : que le rez-de-chaussée soit élevé de 0 m. 30 à 0 m. 40 au-dessus du sol pour se préserver de l'humidité, (la cuisine sera dallée ou pavée, les autres pièces planchéiées) ; que les fenêtres soient en quantité et de dimensions suffisantes pour assurer l'éclairage et l'aération : il faut faire respirer la maison pour que les habitants respirent.

La nuit, on ne doit pas conserver de plantes dans les chambres à coucher, leur action pouvant être aussi pernicieuse que celle d'un réchaud allumé dans un appartement clos.

La cuisine, le garde-manger, le buffet où l'on place les restes des repas, dégagent, l'été, des émanations que la ventilation et les lavages font disparaître ; on ne doit pas cracher sur le carrelage ou le parquet.

Veiller à la propreté de l'évier, des tuyaux et des égouts ; ne pas laisser séjourner d'immondices, de détritus, de fumier, près de la maison ; laver et désinfecter fréquemment les privés qui seront établis, ainsi que les fosses à purin, loin des puits, citernes, sources où l'on puise l'eau potable.

Les meilleurs désinfectants sont le *soufre*, le *sulfate de fer*, l'*acide phénique*, le *chlorure de chaux* et le *pétrole*.

Hygiène du chauffage. — Les cheminées chauffent moins et dépensent plus de combustible que les poêles ; pour l'hygiène, elles valent mieux à cause du courant d'air que détermine leur tirage, courant qui ventile la pièce.

Les combustibles qui chauffent le plus sont : la *houille* — qui dégage souvent une odeur désagréable — et le *coke*, bien que le *bois* leur soit préférable, surtout les essences de *pommier*, de *charme* et d'*orme*.

Sur les poêles en fonte — qu'il ne faut jamais laisser rougir parce qu'alors ils laissent échapper un gaz délétère, l'*oxyde de carbone* — on place un vase rempli d'eau pour empêcher la dessiccation de l'air ; et, dans les appartements qui sont chauffés par ces appareils, on ouvre, de temps à autre, les fenêtres, afin de renouveler l'air vicié.

On doit veiller avec le plus grand soin à ce que le tirage des cheminées et des poêles s'effectue toujours convenablement.

La température, obtenue par le chauffage, ne doit pas descendre au-dessous de 12° ni s'élever au-dessus de 18°.

Ne jamais faire usage, notamment dans les classes, de chaufferettes qui dégagent à la fois, et de mauvaises odeurs, et surtout des gaz dangereux.

Hygiène des vêtements. — Les diverses parties d'un lit doivent non seulement être remuées, mais déplacées pour recevoir l'air.

Les vêtements et les chaussures seront suffisamment amples pour ne blesser ni ne gêner aucune partie du corps. Les jarretières et les corsets ne seront pas serrés à l'excès.

La matière première des habits est en rapport avec la température : laine, en hiver ; toile ou cotonnade, en été.

De deux vêtements dont l'un est de couleur claire et l'autre de teinte foncée, le premier sera plus chaud l'hiver et moins l'été.

La flanelle, qui absorbe la sueur, est portée par les personnes qui transpirent facilement ou qui redoutent les changements de température. Le linge et les vêtements seront constamment propres ; les chaussures qui doivent être imperméables, seront graissées ou cirées — autant pour leur conservation que pour la propreté.

Les manteaux et les chaussures en caoutchouc, utilisés lorsqu'il pleut, ne doivent pas être conservés à l'intérieur de l'habitation.

Epidémies. — Contre les épidémies, il faut redoubler les soins de propreté, employer des désinfectants, être excessivement sobre, ne commettre aucun excès, ne pas sortir à jeun et ne pas être accessible à la frayeur qui prédispose à la maladie.

QUARANTE-UNIÈME LEÇON

JARDIN POTAGER

Le sol du jardin doit être très fertile : une terre franche, argilo-calcaire, à proximité de l'habitation, est ce qui convient le mieux. On y apportera les amendements et engrais nécessaires ; le fumier bien décomposé, le terreau, est employé dans l'horticulture ; quelques engrais chimiques, les nitrates, utiles aux végétaux, cultivés pour leurs feuilles, et les phosphates, aux plantes mises en terre pour leurs graines, feront prospérer les récoltes.

Le terrain sera défoncé à une assez grande profondeur, afin que les racines pivotantes, telles que celles des carottes, salsifis, puissent s'y développer entièrement. L'eau, dont on se servira pour les arrosages, ne devra provenir ni d'un puits, ni d'une citerne, ou alors il faudrait la laisser séjourner quelque temps dans un tonneau enfoncé debout dans le sol, par exemple : elle atteindrait dans ce réservoir la température convenable.

On arrose le matin ou le soir, mais non pendant la forte chaleur du milieu du jour.

La rotation des cultures n'est pas moins indispensable dans un jardin que dans les champs : les divers carrés ou planches seront successivement affectés à des légumes dont le développement exige des éléments différents.

Le jardin sera établi à une bonne exposition, pour qu'il reçoive la chaleur et la lumière : celle du midi sera donc choisie ; il devra être à l'abri des vents de l'ouest et du nord ; enfin, il sera toujours clos pour que le bétail et les volailles ne puissent le dévaster ; des murs sont préférables, parce qu'on y développe des arbres fruitiers en espalier, chaque variété plantée à l'exposition qui lui convient : ces murs, lorsqu'ils sont badigeonnés à la chaux, avancent, à cause de leur couleur, l'époque de la maturité des fruits.

Les haies ont l'inconvénient de permettre trop souvent aux hôtes de la basse-cour de pénétrer dans le jardin ; en outre, elles servent d'asile aux limaces, escargots et insectes.

Le choix des graines de semis doit être fait avec grand soin, et parmi les espèces de plantes potagères reconnues les meilleures ; on changera ces graines au moins tous les deux ans, afin que les produits ne dégénèrent pas ; préalablement, il sera bon de s'assurer aussi de leurs propriétés germinatives.

Les travaux qui s'imposent pour que le jardinage réussisse sont : les binages et les sarclages, afin que le terrain soit toujours meuble et débarrassé des mauvaises herbes ; l'arrosage ne sera pas négligé ; de menue paille, étendue sur les planches, conservera la fraîcheur et empêchera la surface de former une croûte. Quelques plantes ont besoin d'être buttées, d'autres liées, d'autres ramées ; tous ces travaux seront exécutés à temps.

Aucune parcelle du jardin ne restera inoccupée et — de février à la fin de l'automne — les cultures se succéderont, dans chaque carré, d'après leurs exigences particulières : il sera rationnel qu'un légume, dont les racines pénètrent profondément dans le sol, remplace une plante dont les racines se développent dans le voisinage de la surface et *vice versa*. Un assolement triennal peut être adopté : 1re année, légumes cultivés pour leurs feuilles ; 2e année, plantes cultivées pour leurs racines : tubercules, bulbes ; 3e année, plantes dont les graines sont le principal produit (légumineuses généralement). Une quatrième partie du jardin sera affectée aux plantes vivaces : (artichauts, asperges, fraisiers, etc.)

Si l'on désire obtenir des primeurs, l'emploi des couches sera obligatoire ; avec le fumier de cheval on établit des couches chaudes ; avec celui de vache, des couches tièdes ; les couches sourdes sont formées de feuilles sèches ; les unes et les autres nécessitent l'usage de châssis, cloches et paillassons.

Les instruments et outils dont on se sert sont : la bêche, la pelle, le râteau, la binette, le cordeau avec piquets, le plantoir, — la serpette, le sécateur, le greffoir, la scie à main ; ces derniers pour la taille et la greffe. — La brouette et l'arrosoir sont aussi de première nécessité.

QUARANTE-DEUXIÈME LEÇON
VÉGÉTAUX DU JARDIN POTAGER

1° Principales plantes cultivées pour leurs feuilles

DÉSIGNATION DES LÉGUMES	ÉPOQUE DU SEMIS OU DE LA PLANTATION	ÉPOQUE DE LA RÉCOLTE	SOINS SPÉCIAUX
Choux			
1° Milan	semé fin février, puis repiqué	août	
2° Chou pommé à feuilles lisses	semé fin février ou en août, puis repiqué	fin automne, avril	
3° Chou de Bruxelles........	semé fin février, repiquage	la production commence à la fin de l'automne	pincement lorsque la plante a 0m 40 ou 0m 50 de hauteur
4° Chou-fleur ...	id. id.	novembre et décembre	

DÉSIGNATION DES LÉGUMES	ÉPOQUE DU SEMIS OU DE LA PLANTATION	ÉPOQUE DE LA RÉCOLTE	SOINS SPÉCIAUX
Autres légumes			
5° Laitue ordin..	le printemps	croît rapidement	le céleri est butté; toutes ces variétés de salade sont entourées d'un lien p' que leurs feuilles deviennent blanches et tendres.
6° Romaine	id.	id.	
7° Céleri	le printemps, repiquage	l'hiver	
8° Chicorée frisée	juin, repiquage	octobre	
9° Scarole......	id.	id.	
10° Mâche.......	semée à partir du mois d'août	l'hiver	
11° Epinards	septembre ou au printemps	l'hiver ou l'été	
12° (Persil, cerfeuil) Oseille (plante vivace)....	toute la belle saison	en tout temps	

2° *Plantes cultivées pour leurs racines, tubercules, etc.*

DÉSIGNATION DES LÉGUMES	ÉPOQUE DU SEMIS OU DE LA PLANTATION	ÉPOQUE DE LA RÉCOLTE	SOINS SPÉCIAUX
1° Oignon blanc..	semé en août	fin avril	
2° id. (autres variétés)	semé au printemps	fin de l'été	
3° Poireau.......	printemps, repiqué	l'automne	
4° Echalote, ail ..	plantés en février	août	
5° Carotte.......	semée fin mars	septembre	ils sont conservés dans des caves
6° Navet	semé juin, juillet, août	l'automne	
7° Radis	toute la belle saison	vient très rapidement	
8° Salsifis, scorsonère	semés en mars	fin de l'été, automne	
9° Pomme de terre	(Voir la 46ᵐᵉ leçon)		

3° *Plantes cultivées pour leurs graines*

DÉSIGNATION DES LÉGUMES	ÉPOQUE DU SEMIS OU DE LA PLANTATION	ÉPOQUE DE LA RÉCOLTE	SOINS SPÉCIAUX
1° Pois verts.....	semés au printemps	commencement de l'été	quelques espèces doiv. être ramées
2° Haricots......	mai	août, septembre	id.

4° *Plantes potagères diverses*

DÉSIGNATION DES LÉGUMES	ÉPOQUE DU SEMIS OU DE LA PLANTATION	ÉPOQUE DE LA RÉCOLTE	SOINS SPÉCIAUX
1° Artichaut	plantation des rejets au printemps	à l'été des années suivantes	buttage avant l'hiver
2° Asperge	griffes plantées au printemps	en mai, à partir de la 3° année	binage et sarclage fréquents; fumier mis en couverture tous les 2 ans.

Les concombres et les citrouilles sont de culture facile ; les melons ne peuvent, dans la région, réussir que sur couches. — Diverses espèces de fraises sont cultivées en planches ou en bordures ; on les multiplie par leurs stolons ou rejets, pousses, coulants.

Rosée et gelée blanche ; lune rousse

Si la terre s'échauffe pendant le jour sous l'influence des rayons du soleil, elle se refroidit la nuit par le rayonnement ; la vapeur d'eau se condense dans le voisinage du sol et se dépose en gouttelettes sur les végétaux, tel qu'on le remarque sur les parois d'une bouteille ou d'une carafe que l'on vient de remplir d'eau fraîche ; plus le refroidissement nocturne est sensible et, aussi, plus l'air contient de vapeur d'eau, plus la rosée est abondante. La gelée blanche, si pernicieuse en mai, est due à un refroidissement qui descend à zéro et au-dessous ; elle se produit surtout lorsque le ciel est clair, lorsque la lune brille : comme ces gelées désorganisent les bourgeons et les fleurs qui brunissent ou roussissent bientôt, on a donné le nom de *lune rousse* à la lune qui naît en avril ; les nuages soit naturels, soit développés artificiellement en brûlant du soufre, du goudron, des matières résineuses, des herbes ou des pailles humides, peuvent seuls servir d'écran et diminuer le refroidissement : c'est donc l'absence de nuages, et non la lune, qui occasionne des gelées blanches.

Lorsque les plantes à protéger n'occupent que peu d'espace, des toiles ou des paillassons suffisent pour les préserver des gelées de printemps.

QUARANTE-TROISIÈME LEÇON

(RÉVISION)

QUARANTE-QUATRIÈME LEÇON

LA PLANTE. — CLASSIFICATION GÉNÉRALE

L'organe élémentaire de toutes les parties d'une plante est la cellule qui, globuleuse d'abord, prend ensuite des formes variées et qui, en s'allongeant et se modifiant, constitue la fibre ligneuse des tiges et des branches ; les vaisseaux ou canaux qui vont, de la racine aux feuilles, porter la sève, canaux que l'on distingue sur la section d'une branche de vigne ou de clématite, ne sont qu'une succession de cellules transformées en tubes capillaires.

La substance dont sont composées les parois des cellules, des fibres et des vaisseaux est de la cellulose, combinaison de carbone, d'oxygène et d'hydrogène. Les cavités cellulaires renferment selon les végétaux et même selon la partie du végétal qu'elles constituent : de l'air, de l'eau, du ligneux, de la fécule, de la gomme, de la résine, des essences, de l'huile, des poisons, etc.

Les végétaux inférieurs, dans la formation desquelles n'entre que la cellule, tels que les algues, les champignons, sont appelés végétaux *cellulaires*. Les conifères ou arbres résineux sont composés de cellules et de fibres ligneuses ; toutes les autres plantes, depuis le brin d'herbe jusqu'au chêne, contiennent dans leurs tissus des cellules, des fibres et des vaisseaux : aussi, a-t-on donné à celles-ci et à ceux-là le nom de végétaux *vasculaires*, à cause des vaisseaux qui leur sont communs.

Ces derniers se répartissent en deux embranchements ; les uns, comme le pommier, le cerisier, le haricot proviennent d'une graine qui se divise longitudinalement en deux lobes semblables, lobes qui forment au début de la germination les premières feuilles de la plante ; riches en fécule, ils alimentent l'embryon ou germe qui est placé à l'une de leurs extrémités, pendant la période où il serait impossible à celui-ci, à cause de sa faiblesse, de puiser sa nourriture dans le sol. Ces deux feuilles nourricières ont reçu le nom de cotylédons d'où le nom de *dicotylédonés* donné à ces végétaux.

Dans d'autres plantes, la graine est indivisible, le germe n'a qu'un seul cotylédon, tel qu'on le constate chez les céréales, le lis, l'asperge, le jonc ; ce groupe forme les *monocotylédonés*.

Les végétaux cellulaires, dont la structure est plus rudimentaire, n'ont pas d'organes reproducteurs apparents ; paraissant dépourvus de graines (de cotylédons), on les a appelés *acotylédonés* ou *cryptogames* : les fougères, les prêles — bien que pourvus de vaisseaux — les mousses, les lichens, les champignons et les algues sont des acotylédonés.

Ce dernier embranchement se reconnaît à première vue. Il n'est pas moins facile de distinguer les deux premiers, si l'on se rappelle les caractères suivants qui en marquent les différences.

Dicotylédonés	*Monocotylédonés*
« La graine a deux cotylédons ;	« La graine a un seul cotylédon ;
» La plante lève avec deux feuilles séminales ;	» La plante lève avec une seule feuille séminale ;
» Les nervures des feuilles sont disposées en réseau ;	» Les nervures des feuilles sont parallèles ;
» La fleur a généralement un calice et une corolle ;	» La fleur n'a généralement que la corolle sans calice ;
» Les fibres et les vaisseaux sont disposés dans la tige en couronnes concentriques. »	» Les fibres et les vaisseaux sont répartis sans ordre dans la tige.
	» J.-H. FABRE. »

Expériences : Sur l'eau contenue dans un verre, placer deux rondelles d'un bouchon de liège percées d'une ouverture suffisante pour déposer un haricot dans l'une et un grain de blé dans l'autre. En maintenant le liquide à une température de 10 à 15°, ces graines germeront rapidement et serviront pour l'étude des cotylédons et, plus tard, de la racine.

QUARANTE-CINQUIÈME LEÇON (avec spécimens)

ORGANES DE LA NUTRITION

Sommaire : Racines (pivotantes, fasciculées, chevelu, poils radicaux ou absorbants). Tige, branches et rameaux (écorce, bois, moelle) ; bourgeons et feuilles (pétiole, nervures, parenchyme, stomates) ; structure et forme de ces organes dans les monocotylédonés et les dicotylédonés.

Faire voir, en se servant de l'expérience de germination de la leçon précédente, la coiffe qui termine chaque radicelle et les poils absorbants qui prennent naissance un peu au-dessus de cette coiffe.

QUARANTE-SIXIÈME LEÇON

SEMAILLES DE PRINTEMPS

Orge. — L'*orge* demande une terre ameublie ; on donne deux labours avant l'hiver et deux après ; on la sème en avril (de 2 à 3 hectolitres à l'hectare) ; une plante fourragère qui la remplacera, est souvent semée en même temps. Le rendement moyen est de 20 à 25 hectolitres, pesant de 55 à 60 kilogrammes chacun.

Avoine. — L'*avoine* noire, variété la plus cultivée, est mise en terre, fin février ou en mars ; 3 à 4 hectolitres de semence à l'hectare rendent de 30 à 35 hectolitres.

Sarrasin. — Il se fait après deux labours, le premier en mars, le second fin mai ; on ensemence dans la première quinzaine de juin : un demi-hectolitre à l'hectare. La récolte, qui atteint de 20 à 25 hectolitres, a lieu en septembre ; coupé à la faux, le *sarrasin* est réuni par « binots » petits monceaux placés debout ; quand il est sec on le bat ; l'hectolitre pèse 70 kilogrammes.

Le *sarrasin* est souvent ensemencé dans une terre qui a besoin d'être nettoyée des mauvaises herbes et à laquelle des labours et des hersages d'été ont été nécessaires ; on le cultive aussi en récolte dérobée, après du seigle ou du trèfle d'Espagne mangés en vert.

Autres cultures de printemps

Pommes de terre. — Elles ont besoin d'un sol fertile et profondément labouré ; les terres légères et sablonneuses sont celles qui donnent les meilleurs tubercules ; trois variétés sont cultivées, les *hâtives*, les *précoces* et les *tardives ;* les premières sont plantées en février, les secondes en mars et les dernières en avril ; on les récolte respectivement en juin, août et fin septembre.

Pour la plantation, on divise habituellement de grosses *pommes de terre* en plusieurs morceaux dont chacun possède, au moins, un œil ; il est préférable de n'employer que des tubercules entiers de dimension moyenne, pesant 100 grammes environ chacun.

Les plants ou pieds sont distants de 0 m. 35 à 0 m. 40 et les lignes de 0 m. 40 à 0 m. 50 ; il faut de 20 à 25 litres par are. Deux binages sont nécessaires ; on butte lorsque les tiges atteignent une hauteur de 0 m. 20 ; quand ces tiges sont desséchées on procède, à l'aide de fourches, à l'arrachage pour lequel on choisit une belle journée. — Le rendement est d'à peu près 250 hectolitres à l'hectare : on l'augmente par la suppression des fleurs, coupées à 5 centimètres environ au-dessous de leur point d'insertion.

La *pomme de terre*, que nous ne cultivons guère que pour notre alimentation personnelle, est atteinte d'un champignon microscopique qui fait périr les feuilles, empêche les tubercules de grossir, puis les envahit sous le nom de *pénétration brune*.

Les seuls remèdes préventifs sont : le changement fréquent de semence ou la *bouillie bordelaise* dont on arrose les tiges et les feuilles avant l'apparition de la maladie :

Eau, 100 litres ; chaux vive, 1 kilogramme ; sulfate de cuivre, 1 kilogramme 1/2 à 2 kilogrammes.

Betterave fourragère. — Sa tige pivotante exige une terre profonde, très meuble et fortement fumée : un labour avant l'hiver et trois au printemps. On la sème vers la mi-avril, en lignes espacées de 0 m. 45 à 0 m. 50 ; 7 kilogrammes de graine, à l'hectare, sont suffisants ; on récolte 35,000 kilogrammes de racines.

On bine dès que la plante est levée, puis on éclaircit pour bien isoler tous les pieds ; deux autres binages sont encore donnés, afin que le sol soit toujours meuble et débarrassé des mauvaises herbes. — Les *betteraves fourragères*, — dont on cultive deux espèces : la *jaune longue* ordinaire et la *rouge* ou *betterave champêtre* qui croît presque entièrement hors de terre et qui est d'un rendement considérable, — doivent être arrachées à la fin d'octobre, avant les premières gelées.

Betterave à sucre. — Semées à une distance de 0 m. 35, en tous sens, ces *betteraves* sont cultivées comme les précédentes ; toutefois, il est utile, avant l'ensemencement, en plus de la fumure, de répandre sur le terrain 500 kilogrammes de superphosphate de chaux, à l'hectare, cet engrais augmentant la richesse saccharine des betteraves.

Carotte. — Comme la betterave, elle aime un sol meuble et riche ; elle se sème aussi au mois d'avril (4 kilogrammes de graines à l'hectare), et généralement à la volée, quoique le semis en lignes qui rend les binages faciles, soit préférable.

La graine de 3 ou 4 ans est employée le plus souvent, les racines qu'elle produit n'étant pas sujettes à fourcher ou à se ramifier. On sarcle et on bine dès que les carottes sont levées et on renouvelle ces travaux pour que le sol reste propre.

Cette plante redoute peu le froid ; aussi ne l'arrache-t-on souvent qu'en hiver. Le rendement est de 400 à 500 hectolitres par hectare (25,000 kilogrammes en moyenne).

Rutabaga. — Il réussit bien, même dans les sols argileux humides, et résiste aux gelées. Les feuilles et les racines sont une excellente nourriture pour le bétail. On le sème en pépinière, vers la fin de février, et on repique les plants lorsqu'ils ont atteint la grosseur du petit doigt. Mêmes soins que pour la betterave.

On récolte pendant tout l'hiver et le rendement, outre les feuilles, peut aller jusqu'à 50,000 kilogrammes de racines par hectare.

Colza. — Un terrain, meuble, fertile et fortement fumé lui est nécessaire. On le sème en pépinière, après deux ou trois labours, au mois de juillet ; 3 kilogrammes de graines suffisent par hectare. La pépinière doit avoir le quart environ de la superficie qu'occupera le colza transplanté ; on sème clair, et non dru, pour obtenir de beaux plants, à tige forte et courte. Un puceron, l'*altise*, attaque souvent la plante lorsqu'elle sort de terre ; pour l'éloigner, on sème un peu de sarrasin avec le colza.

La récolte, en graines, est de 30 à 40 hectolitres à l'hectare ; elle se fait en juillet. Un hectolitre produit 25 kilogrammes d'huile.

Expériences : C'est au printemps qu'il convient de faire des cultures démonstratives dans des pots ou des caisses. Voici les principales, d'après la notice jointe à la circulaire ministérielle du 4 janvier 1897 :

1° Dans un flacon, où l'air peut pénétrer par la partie supérieure, et renfermant de l'eau dans laquelle se trouvent dissous les quatre éléments chimiques indispensables : azote, acide phosphorique, potasse et chaux, faire croître des haricots (La solution aqueuse se compose de nitrate de potasse et de superphosphate de chaux) ;

2° Remplir deux pots de terre stérile avec addition de superphosphate et de chlorure de potassium ; y semer une céréale de printemps ; lorsqu'elle est levée, mettre du nitrate de soude dans l'un des vases ; on constatera ensuite la différence de végétation entre les plantes et l'influence de l'azote ;

3° Cinq pots sont remplis de terre stérile ; le 1ᵉʳ sert de témoin ; le 2ᵐᵉ reçoit, par kilogramme de terre, 2 grammes de nitrate de soude. 3 grammes de superphosphate de chaux et 1 gramme de chlorure de potassium ; le 3ᵐᵉ, 2 grammes de nitrate de soude et 1 gramme de chlorure de potassium ; le 4ᵐᵉ, 3 grammes de superphosphate et 1 gramme de chlorure ; le 5ᵐᵉ, 2 grammes de nitrate et 3 grammes de superphosphate. Dans le second l'engrais est donc complet, et, dans tous les autres, un élément différent fait défaut. On remarque que le 3ᵐᵉ pot donne plus de paille et moins de grain que le témoin, ce qui prouve que l'engrais a été nuisible ; que, dans le 4ᵐᵉ, il a été inutile ;

4° On prouve que les produits liquides (purin) et gazeux

qui s'échappent du fumier ont une grande puissance fertilisante, en ensemençant de graines de prairies trois pots contenant de la terre stérile ; le 1er, servant toujours de témoin, est arrosé avec de l'eau ; des deux autres, l'un reçoit du purin, le second, à l'aide d'un tube, les gaz produits par la fermentation du fumier et du purin ; il est bon d'employer aussi un 4me vase dont la terre aura été bien imprégnée de purin et ensuite soumise à un fort lavage, qui diminuera peu l'action du purin et démontrera, par la végétation obtenue, le pouvoir absorbant de la terre arable, pouvoir qui conserve toutes matières fertilisantes insolubles du sol, les nitrates exceptés.

En règle générale, au moment de la récolte, on pèsera, et les tiges et les grains des plantes cultivées, pour se rendre compte du résultat obtenu et en tirer une conclusion.

Les pots employés doivent être de terre poreuse ; le mieux est de les enfoncer, jusqu'à affleurement, dans le sol de la cour ou du jardin ; on place de la menue paille ou de la sciure à la surface pour empêcher la terre de former une croûte dure par suite des arrosages qui doivent, nécessairement, être assez fréquents.

〰〰〰〰〰〰〰〰〰〰〰〰〰〰〰〰〰

QUARANTE-SEPTIÈME LEÇON

AUTRES CULTURES DE PRINTEMPS (Suite)
ASSOLEMENT

1° *Prairies artificielles*

Les *prairies artificielles* n'occasionnent pas de grands frais et fournissent en peu de temps une abondante nourriture pour les bestiaux.

Sainfoin. — Il est, de beaucoup, le plus cultivé ; il aime les sols calcaires et se sème en même temps qu'une céréale, quelquefois à l'automne, mais le plus fréquemment au printemps, à raison de 3 à 4 hectolitres de graines par hectare. Pour augmenter considérablement la récolte, on répand sur le *sainfoin* du plâtre et des cendres.

La première coupe est la meilleure ; on fauche à la

mi-juin, en évitant de trop secouer les tiges afin que les feuilles ne s'en détachent pas ; on laisse sécher les andains en les retournant une seule fois et on obtient ainsi, pour les chevaux, un foin d'excellente qualité.

La deuxième coupe est destinée à la production de la graine ; on fait pâturer le regain qui vient ensuite. — Les herbes nuisibles détruisent promptement le *sainfoin*, et il y a tout avantage à le *rompre* après la troisième année.

On récolte de 6 [à 7.000 kilogrammes de foin sec à l'hectare.

Trèfle. — Le *trèfle* préfère les terrains froids et argileux ; il faut de 12 à 15 kilog. de graines par hectare. Lorsqu'on veut faire consommer le *trèfle* en vert, on le fauche dès qu'il a atteint de 0 m. 30 à 0 m. 40 de hauteur ; si on veut le transformer en fourrage sec, on procède comme pour le sainfoin ; son rendement est à peu près égal à celui de ce dernier.

Luzerne. — Les racines de la *luzerne* s'enfonçant perpendiculairement à une assez grande profondeur, il faut à cette plante, avons-nous dit, un sol profondément labouré ; on la sème au printemps, dans une céréale, comme le trèfle et le sainfoin, à raison de 15 à 20 kilog. de graine nue par hectare.

Une luzernière bien soignée peut durer une dizaine d'années.

Quand on fane la *luzerne*, on doit comme pour le sainfoin, éviter de la secouer trop rudement, car la meilleure partie, les feuilles, se détacherait et il ne resterait plus qu'un foin excessivement dur.

Le *sainfoin*, le *trèfle* et la *luzerne* gagneraient à] être disposés en petites *moyettes* (quelques brassées placées en cône) ; ils faneraient ainsi sans être remués et ne craindraient pas la pluie.

De même que sur le sainfoin, le plâtre produit les meilleurs effets sur le trèfle et sur la luzerne.

Cette plante fourragère donne de 6 à 8.000 kilog. de foin sec à l'hectare.

Il faut toujours faucher de bonne heure ceux de ces fourrages qu'on ne laisse pas venir à graine, c'est-à-dire lorsqu'ils sont en fleurs.

Vesce et pois. — On les sème en mai et en juin, pour remplacer les autres fourrages qui auraient fait défaut, et on mêle à la semence, de l'avoine, du seigle ou du ray-grass dont les tiges plus vigoureuses servent en quelque sorte à ramer la *vesce* et les *pois* et à les empêcher de pourrir, en partie, contre la terre, lorsqu'elle est humide.

Il faut de 2 à 3 hectolitres de graines, avec 1 hectolitre de seigle ou 10 kilog. de ray-grass à l'hectare. Ces fourrages sont consommés en vert, sur place, par les animaux attachés au piquet.

Féverolles. — Elles sont semées en février ou en mars, après une fumure complète de 50 à 60 mètres cubes à l'hectare ; disposées en lignes, on les herse et on les roule quand elles ont 0 m. 10 de hauteur.

Pour fortifier la plante, on devrait toujours écimer la tige, à la faux ou à la faucille, ce qui la débarrasserait en même temps des pucerons qui en attaquent le sommet. On récolte en août et septembre, lorsque les gousses commencent à noircir ; les *féverolles* sont fauchées et déposées en faisceaux sur le sol ; quand elles sont suffisamment sèches, on les lie en gerbes que l'on rentre et qui seront battues dans la grange. L'hectare, pour lequel on emploie 3 hectolitres de graines, en produit de 25 à 30 hectolitres du poids de 90 à 100 kilog. l'un.

Assolement

« Le mot *assolement* exprime à la fois en combien de *soles* ou parties est divisée une exploitation, et combien il s'écoule d'années, entre deux cultures de la même plante, sur la même terre.

» V. BARILLOT. »

L'*assolement* triennal est le plus généralement suivi ; la rotation des plantes se pratique ainsi : 1re année, culture nettoyante (féverolles, sarrasin, etc.) avec fumure complète ; 2me année, céréale d'automne, sans fumure ; 3me année, céréale de printemps ou trèfle, betteraves. — Le sol est trop divisé, et la plupart des propriétaires n'en possèdent pas une superficie suffisante, pour essayer des assolements de plus longue durée.

Il serait à désirer pourtant qu'on pût éviter la culture successive de deux céréales ; on conserverait l'assolement triennal, mais en le modifiant.

Les terres d'une ferme seraient divisées en trois *soles*; sur la 1re, on cultiverait les plantes sarclées : colza, betteraves, pommes de terre ; sur la 2me, le blé et les autres céréales ; sur la 3me, les prairies artificielles : sainfoin, trèfle, etc.

Si ce système ne peut être suivi, nous pensons qu'à l'ancien assolement triennal, on doit encore préférer l'assolement alterne, ainsi nommé parce qu'il a pour principe d'alterner, d'année en année, les céréales et les récoltes fourragères, les plantes à racines pivotantes et celles à racines traçantes, les cultures épuisantes et les cultures améliorantes, les cultures qui salissent la terre et celles qui la nettoient.

D'ailleurs, lorsque par un judicieux emploi des engrais chimiques, on arrivera à restituer au sol les éléments qui lui ont été enlevés par les récoltes précédentes, la question de l'assolement n'aura plus d'importance.

QUARANTE-HUITIÈME LEÇON

PRAIRIES NATURELLES ; COMPOSTS ; IRRIGATION

Pour convertir une terre arable en prairie naturelle, on nettoie et ameublit le sol par des labours et des hersages répétés, puis, après y avoir déposé une forte fumure bien consommée, on laboure une dernière fois et on sème. L'époque généralement choisie est le printemps ; peut-être y aurait-il intérêt à ensemencer à la fin de l'été, pour que l'herbe fût moins exposée à être envahie et étouffée par des plantes nuisibles.

La semence employée résulte d'un mélange de graines de graminées que l'on se procure dans le commerce; nous avons énuméré les principales (8e leçon). On en emploie de 60 à 80 kilog. à l'hectare. Un léger coup de herse recouvre la semence; le champ est ensuite roulé et épierré.

Les prairies naturelles exigent peu de soins : on répare les fossés et clôtures qui les entourent ; on détruit les chardons et autres mauvaises plantes ; on épand les taupinières et les déjections des bestiaux ; on détruit les fourmilières.

Compost pour les herbages. — On tourne à la charrue, à une profondeur de 0 m. 25, dans l'une des parties les plus élevées de l'herbage, environ 5 ares de terrain par hectare à fumer : c'est faire ce qu'on appelle une *tombe*. On laisse la terre retournée jusqu'à ce que l'herbe soit pourrie ; alors, on transporte sur la tombe de 12 à 15 mètres cubes de fumier que l'on enfouit à la charrue ; quand cette première couche est à peu près consommée, on en dépose une seconde. On donne de fréquents labours et, lorsque le tout est bien décomposé, on y mélange 5.000 kilog de chaux, à l'aide de la charrue et de la herse. On répand cette *tombe* à l'état pulvérulent sur l'herbage que l'on a préalablement fait dépouiller au vif ; un hersage sert à bien répartir l'engrais ; enfin, on fait ramasser les pierres qui auraient été transportées avec le *compost*.

Sur l'emplacement des *tombes* enlevées, on sème des graines d'herbes avec un mélange de seigle.

Quand on dispose de boues de rues, de terres de chemins, de débris de murs, le mélange se fait dans les proportions suivantes : 10 mètres cubes de terre, 2 mètres de fumier et 1 hectolitre 1/2 de chaux ; on recoupe ce mélange et on le répand. Ce second moyen a l'avantage de ne point interrompre la végétation d'une parcelle d'herbage.

Une excellente pratique qu'il serait bon de suivre, c'est l'arrosage des prairies avec du purin étendu d'eau.

Pour la destruction des mousses qui envahissent trop d'herbages, on emploie avec un succès certain une solution de sulfate de fer (de 5 à 10 kilog. pour 100 litres d'eau).

Irrigation. — L'humidité du climat et la nature du sol font que les *irrigations* ne sont guère pratiquées dans la région. Toutefois, un certain nombre de prairies verraient augmenter leur produit par un arrosage judicieux.

Pour *irriguer*, on creuse des rigoles, plus ou moins nombreuses, qui prennent l'eau de la rivière ou du ruisseau et la conduisent à travers le champ en suivant une pente déterminée ; une vanne, posée au point de départ, permet de régler la quantité d'eau qui pénètre dans toutes les parties du sol, par infiltration.

Quand la pente et le débit fourni par le ruisseau sont suffisants, il y a avantage à arroser par submersion complète toute l'étendue de la prairie.

L'*irrigation* se fait abondamment à l'automne ; on la supprime pendant les gelées, et on la pratique de nouveau après l'hiver ; pendant l'été, on arrose seulement la nuit et on cesse totalement une quinzaine de jours avant le fauchage.

Dans les cantons d'Isigny et de Trévières l'*irrigation* se fait par le débordement des rivières ; c'est une sorte de *colmatage ;* le limon et les vases se déposent sur le terrain et le fertilisent ; c'est le seul engrais que reçoivent les prés de marais, qui font la richesse des cultivateurs de la vallée d'Aure et qui occupent une superficie de 2.300 hectares.

Lorsque l'herbe des prés est en fleurs, on la coupe à la faux ou à la faucheuse qui la déposent en andains sur le sol. A l'aide de fourches en bois — et après que la rosée est évaporée — l'herbe est étendue, tournée, retournée et mise en petits tas ; chaque jour on recommence le même travail jusqu'à dessiccation complète du foin qui alors est disposé en meules. Après quelques jours, on le lie en bottes et on le rentre dans les greniers.

QUARANTE-NEUVIÈME LEÇON

LA SÈVE ; FONCTION CHLOROPHYLIENNE ; RESPIRATION

La *sève* circule principalement pendant le printemps et l'été : c'est un liquide qui, lorsqu'il part des racines, n'est guère que de l'eau claire contenant quelques sels : composés ammoniacaux et acide carbonique ; la *sève* pénètre dans les racines par endosmose et, de là, elle gagne peu à peu les feuilles en suivant les tubes capillaires que forment les vaisseaux du ligneux, de la tige et des branches.

La quantité de *sève* qui arrive aux feuilles est considérable ; elle est nécessitée par l'évaporation ou exhalation aqueuse dont celles-ci sont le siège.

Toute plante est alimentée d'oxygène par l'air, d'hydrogène par l'eau, d'azote par les nitrates du sol, les *légumineuses exceptées*, et de carbone par l'acide carbonique de l'atmosphère ; ce gaz, fourni à l'air par la respiration animale, la combustion et la décomposition des corps, y entre à peine pour un demi millième. Les feuilles, ainsi que toutes les parties vertes d'un végétal, mais celles-ci seulement, le dédoublent sous l'influence des rayons du soleil, gardent le carbone et mettent l'oxygène en liberté ; ainsi elles purifient l'air vicié. Ce résultat est dû à la *chlorophylle*, formée de granules microscopiques que renferment les cellules des feuilles et d'où ces organes tirent leur coloration ; les plantes privées de lumière n'ont pas de chlorophylle.

Les autres éléments que nous avons énumérés (1re leçon), sont puisés dans le sol, par les racines qui les empruntent aux divers amendements et engrais employés.

La sève, débarrassée de son excès d'eau par l'évaporation active des feuilles et contenant le carbone puisé dans l'air, devient, avec l'oxygène, l'hydrogène et l'azote dont elle se composait en partant des racines, un liquide nourricier, — le *cambium*, — qui est pour le végétal, ce que le sang est pour les animaux ; il forme les fleurs, les fruits, les graines, les bourgeons qui écloront l'année suivante, le bois, l'écorce, etc. Chaque couche annuelle d'aubier et de liber (écorce intérieure) provient de la sève descendante, qui, après avoir fait croître les rameaux en longueur, augmente le diamètre des parties déjà existantes et achève son trajet aux racines, revenant ainsi, par les canaux de l'écorce interne, à son point de départ, où se termine cette circulation. Les racines aussi reçoivent leur part de *cambium*, afin que leur accroissement coïncide avec celui des branches et que l'équilibre soit maintenu entre les organes souterrains et les organes aériens.

Un végétal ligneux est formé de cônes très allongés

emboîtés les uns dans les autres ; chaque année, un nouveau recouvre les précédents.

Respiration. — L'action de la chlorophylle, sous la lumière solaire, tout en rendant l'air plus pur, ne vise que la nutrition des plantes ; celles-ci respirent en tout temps et par tous les points de l'organisme, quelle qu'en soit la coloration : les fleurs notamment ont besoin d'une assez forte quantité d'oxygène ; les racines elles-mêmes ne peuvent s'en passer. Alors, comme l'animal, mais en moindre quantité, la plante absorbe ce gaz et dégage de l'acide carbonique ; elle ne pourrait donc vivre dans un milieu dépourvu d'oxygène.

Le travail de la *nutrition* étant de beaucoup plus actif que celui de la *respiration*, il s'ensuit que les végétaux s'assimilent plus de carbone que d'oxygène, ce qui n'empêche pas les plantes, surtout celles qui portent des fleurs, d'être — ainsi que nous l'avons déjà fait observer — très dangereuses la nuit dans les pièces habitées, d'où l'on doit les enlever. Les fleurs dégagent non seulement de l'acide carbonique, mais aussi des essences et des huiles essentielles souvent toxiques.

Nous nous résumerons, en disant que l'acide carbonique est indispensable à l'accroissement des plantes et l'oxygène, à leur respiration.

Expériences : 1° Pour démontrer que, sous l'influence des rayons solaires, les parties vertes des végétaux décomposent l'acide carbonique, remplir d'eau une carafe dans laquelle on aura placé des conferves (filaments verts ou algues d'eau douce qui se développent dans les eaux stagnantes) ; retourner cette carafe pleine dans un vase contenant également un peu d'eau ; l'acide carbonique que renferme le liquide sera décomposé et les bulles qui monteront au fond de la carafe seront de l'oxygène, ainsi qu'on pourra s'en assurer en y plongeant un charbon en ignition, un fil de fer chauffé au rouge, etc. ;

2° A l'aide d'un tube de verre et d'une vessie, faire comprendre le phénomène d'endosmose, en se servant d'eau pure colorée et d'eau gommée. La capillarité se produit lorsqu'on plonge, dans un liquide, l'extrémité d'un morceau de sucre, d'une mèche de lampe, d'une bande de papier buvard, etc.

CINQUANTIÈME LEÇON

DE LA TAILLE DES ARBRES FRUITIERS

SOMMAIRE : Outils dont on se sert ; leur emploi. — Pousses et rameaux divers : brindilles, lambourdes, bourses, dards, boutons à fleurs, boutons à bois, etc. ; comment on les distingue — et comment on les traite par la taille, le pincement, le palissage. — Formes les plus usuelles que l'on donne aux arbres fruitiers.

Il importe de faire connaître la taille du poirier d'abord, du pêcher et de la vigne ensuite, la taille des autres arbres dérivant, soit de celle du poirier, soit de celle du pêcher.

Ces différents travaux : taille, pincement, palissage, commençant en février pour se terminer en août, donner quelques séances au jardin afin de les enseigner pratiquement.

La *taille* ne s'applique vraiment qu'aux arbres, soit en espalier, soit en plein vent, qui sont élevés dans les jardins potagers : poirier, pommier, pêcher, abricotier, cerisier, prunier et treille ; elle serait impossible pour les arbres à cidre.

Cette opération permet : 1° de donner aux végétaux qui y sont soumis la forme que l'on désire ; 2° de répartir convenablement les rameaux à fleurs sur toute l'étendue des branches, et de rendre ainsi la fructification plus égale ; 3° d'obtenir des produits plus beaux et de meilleure qualité. Nous remarquerons que parmi tous les arbres désignés ci-dessus, le poirier est celui dont la culture l'emporte de beaucoup dans notre région.

~~~~~~

CINQUANTE-UNIÈME LEÇON

BOUTURE, MARCOTTE ET GREFFE

SOMMAIRE : Du bouturage et du marcottage. — Principales greffes : par approche, en fente, en couronne, en écusson. But de ce opérations. Comment on doit les pratiquer pour en assurer la réussite. — Du choix et de la préparation des greffes ; soins qu'elles réclament pendant les premières années.

Pendant le printemps, des expériences — avec indications nécessaires — seront faites devant les élèves ; les plus âgés y prendront part.
~~~~~~

CINQUANTE-DEUXIÈME LEÇON

ORGANES DE LA REPRODUCTION. – PRINCIPALES FAMILLES

Sommaire : Fleurs et fruits. — Organes d'une fleur complète (de monocotylédone, de dicotylédone) : calice et sépales ; corolle et pétales ; étamines (filet, anthère, pollen) ; pistil .ovaire, style, stigmate). Leur rôle.

C'est surtout d'après le nombre, la forme et la disposition des divers organes de la fleur que l'on a classé les végétaux en familles.

Principaux fruits : gousse ou légume (légumineuses) ; drupe (cerise, pêche, prune) ; noix, gland (chêne) ; silique (crucifères) ; baie (groseille, raisin) ; pomme (fruits à pépin) ; cône (pins et sapins).

Principales familles de végétaux

Dans les promenades, faire connaître les plantes suivantes — et d'autres s'il y a lieu — ainsi que leurs usages ou propriétés, et en rapporter des échantillons pour créer un herbier que l'on aura toujours ainsi sous la main.

Dicotylédones polypétales (corolle formée de plusieurs pétales)

Familles des Crucifères. — *Espèces :* Chou, navet, colza, radis, moutarde; cresson — ravenelle, giroflée, julienne ;

Malvacées. — Guimauve, tilleul, cotonnier, — rose trémière ;

Rosacées. — Poirier, pommier, néflier, pêcher, prunier, abricotier, cerisier, fraisier, framboisier ;

Légumineuses ou *papilionacées.* — Pois, fève, lentille, haricot, trèfle, luzerne, sainfoin, — cytise ;

Ombellifères. — Carotte, céleri, persil, cerfeuil, anis, — ciguë ;

Cucurbitacées. — Citrouille, melon, concombre.

Dicotylédones monopétales (corolle formée d'un seul pétale)

Ericinées ou *bruyères.* — Bruyère, myrtil ;

Solanées. — Pomme de terre, tomate, — douce-amère, — belladone, jusquiame, stramoine (pomme épineuse), tabac ;

Labiées. — Sauge, lavande, lierre terrestre, menthe, mélisse, thym ;

Composées. — Centaurée, bardane, armoise, absinthe, chicorée, laitue, salsifis, scorsonère, topinambour, marguerite, souci, soleil, dahlia, chrysanthème, camomille, chardon, pissenlit.

Dicotylédones apétales (sans pétales ou corolle)

Chénopodées. — Betterave, épinard, soude ;

Amentacées. — Hêtre, chêne, châtaignier, charme, saule, peuplier, bouleau, noyer, noisetier ;

Polygonées. — Sarrasin, oseille ;

Conifères. — Genévrier, cèdre, cyprès et toutes les espèces de pins et de sapins.

Monocotylédones

Liliacées. — Ail, oignon, poireau, — tulipe, lis, jacinthe ;

Graminées. — Blé, seigle, orge, avoine, maïs, riz, canne à sucre, chiendent et beaucoup d'herbes de nos prairies naturelles.

Ayant énuméré précédemment (11ᵐᵉ leçon), les familles des acotylédones, nous ne reviendrons que sur les champignons dont les espèces suivantes sont *comestibles*, mais qu'il faut bien savoir distinguer, si l'on ne veut s'exposer à de graves indispositions et même à la mort, une foule de variétés étant très vénéneuses : agaric cultivé, oronge, cèpe ou bolet, chanterelle ou girolle, morille et truffe, ces deux dernières bien connues.

AVRIL

CINQUANTE-TROISIÈME LEÇON

(COMPOSITION)

~~~~~~

CINQUANTE-QUATRIÈME LEÇON

LES OISEAUX (Avec gravures ou spécimens)

SOMMAIRE : Animaux ovipares, couverts de plumes et divisés en 6 ordres que l'on distingue principalement d'après la conformation des pattes et du bec :

1° *Rapaces* ou *oiseaux de proie ;* leurs caractères. Ces oiseaux sont — ou *diurnes*, comme l'aigle, l'épervier, la buse ; — ou *nocturnes*, tels que le hibou, la chouette, l'effraie ;

2° *Passereaux ;* leurs caractères. — Ordre qui comprend de nombreux individus, très utiles pour la plupart : hirondelle, martinet, engoulevent, moineau, pinson, pie, geai, corbeau, bouvreuil, sansonnet, chardonneret, mésange, merle, grive, huppe, alouette, loriot, rossignol, fauvette, rouge-gorge, roitelet, etc. ;

3° *Grimpeurs ;* leurs caractères. — Pic ou pivert, coucou, perroquet.

~~~~~~

CINQUANTE-CINQUIÈME LEÇON

. LES OISEAUX (Suite ; avec gravures ou spécimens)

SOMMAIRE : 4° *Gallinacés ;* principaux caractères. — Oiseaux qui se nourrissent de grains et dont la chair est estimée : dindon, pintade, faisan, poule, perdrix, caille, pigeon ; la majeure partie sont les hôtes de nos basses-cours ;

5° *Échassiers ;* leurs caractères.— A cet ordre appartiennent les : héron, cigogne, autruche, pluvier, vanneau, bécasse, râle, poule d'eau ; ces derniers sont chassés comme gibier. Les échassiers vivent de vers, de limaces, d'insectes et aussi de poisson ;

6° *Palmipèdes ;* principaux caractères. — Les cygnes, les oies et les canards qui sont des oiseaux domestiques, ainsi que le goéland, la mouette, l'albatros et l'eider, qui vivent sur la mer ou sur les côtes, sont des palmipèdes. La chair, le duvet et les plumes de quelques-uns servent à notre usage.

CINQUANTE-SIXIÈME LEÇON

UTILITÉ DES OISEAUX EN GÉNÉRAL

(A l'aide de gravures, faire connaître ces oiseaux)

Les oiseaux, surtout les passereaux, sont les auxiliaires naturels du cultivateur ; sans eux, selon le mot de Michelet, la terre serait la proie de l'insecte. Ce sont eux qui nous débarrassent de cette multitude d'ennemis qui dévoreraient nos fruits, nos grains et nos légumes.

Aussi, nous ne devons pas seulement protéger leurs nids, mais encore ne pas détruire en temps de neige ces aides précieux, et ne tuer que ceux qui sont manifestement reconnus nuisibles ou qui sont considérés comme gibier.

Dans nombre d'écoles, des sociétés pour la protection des animaux utiles ont été fondées entre les élèves : c'est une excellente institution et il est à souhaiter que chaque classe possède bientôt son association particulière.

On n'oubliera pas, non plus, que la loi du 3 mai 1811 et des arrêtés préfectoraux interdisent sévèrement la destruction des couvées, sauf celles des oiseaux nuisibles, et que ceux qui y contreviennent sont punis. Loi et arrêtés seraient superflus si, tous, nous comprenions quels sont nos véritables intérêts.

Alors on ne verrait plus les oiseaux de nuit, qui exterminent tant de rongeurs : rats, mulots et souris, trop souvent traqués, tués et cloués, les ailes étendues, sur les portes des granges.

Afin que l'on puisse distinguer les espèces que nous devons favoriser de celles qui nous causent des dommages, nous allons indiquer, pour la région, les noms

des unes et des autres en faisant connaître sommaire-
ment les services qu'elles rendent ou les méfaits qu'on
leur reproche.

OISEAUX TRÈS UTILES	GENRE DE NOURRITURE
Buse commune.	Souris.
Hibou, chouette, effraie.	Rats, souris. hannetons.
Martinet. hirondelle. . .	Insectes, moucherons.
Engoulevent	Papillons de nuit.
Mésange	Chenilles et larves.
Pinson, fauvette, roitelet, rouge-gorge, rossignol, verdier, linot . .	Insectes variés, œufs de papillon.
Chardonneret	Graine de chardon.
Bergeronnette, alouette, merle, loriot, étourneau ou sansonnet.	Chenilles, vermisseaux, insectes vivant sur le sol, parasites des animaux domestiques, escargots.
Coucou.	Grosses chenilles et chenilles processionnaires.
Huppe	Courtilières.
Pivert, grimpereau . . .	Insectes des troncs d'arbres,

Quelques oiseaux sont utiles d'un côté et nuisibles
de l'autre

Moineau	Mange des insectes et des grains ; fait du tort aux arbres fruitiers.
Bouvreuil	Vit de chenilles et d'œstres, de fruits et de graines ; coupe les bourgeons.
Ramier et tourterelle . .	Se nourrissent de graines de plantes, soit utiles, soit nuisibles.
Grive.	Transporte d'un pommier à l'autre les grains du gui ; même genre de nourriture que le merle.

Enfin, ceux dont la désignation suit sont nuisibles : L'épervier, l'émouchet, le milan et, en général, tous les oiseaux de proie diurnes, ainsi que le grand-duc (rapace nocturne), qui détruisent les insectivores et causent des dégâts dans les basses-cours.

Le corbeau qui, s'il engloutit quelques vers blancs, nuit aux semences qu'il déterre et mange.

La pie, le geai et la pie-grièche qui ont à leur actif la destruction d'insectes, mais qui ravagent les nichées des petits oiseaux.

Nous rappelons que la chauve-souris, le hérisson, la musaraigne, la taupe sont aussi des auxiliaires que l'agriculteur aurait grand tort de dédaigner, ainsi que le crapaud, la grenouille, la couleuvre, l'orvet, le lézard vert, le lézard gris et un petit nombre d'insectes dont nous parlerons bientôt.

CINQUANTE-SEPTIÈME LEÇON (avec gravures ou spécimens)

LES REPTILES

Sommaire : Trois ordres : *tortues, lézards* et *serpents.* — Caractères principaux de ces êtres. — Les seuls qui nous intéressent quelque peu sont : la tortue, les lézards (gris ou vert), l'orvet, la couleuvre et la vipère ; cette dernière est venimeuse et on doit impitoyablement la détruire ; les autres nous rendent des services, leur nourriture se composant de limaces, d'escargots, d'insectes, de larves, de petits rongeurs.

Les batraciens ou amphibiens

La grenouille, la rainette, le crapaud, et la salamandre sont les principaux représentants de cette classe ; la salamandre a la forme d'un lézard ; les autres batraciens subissent des métamorphoses.

Animaux utiles qui se nourrissent d'insectes, de vers, de limaces, etc.

CINQUANTE-HUITIÈME LEÇON (avec gravures ou spécimens)

LES POISSONS

SOMMAIRE : Caractères principaux : peau ordinairement recouverte d'écailles ; nageoires, branchies, vessie natatoire. Division de ces animaux en deux catégories : *poissons osseux* qui habitent les eaux douces : perche, carpe, goujon, tanche, brème, truite, brochet, anguille — et aussi la mer : rouget, maquereau, saumon, hareng, sardine, morue, merlan, sole, plie, turbot, barbue, congre, etc., dont la plupart abondent dans la Manche ; – et *poissons cartilagineux* dont le squelette est formé, non d'os, mais de cartilages ; ces derniers, sauf la lamproie de rivière, ne se trouvent que dans la mer.

MAI

CINQUANTE-NEUVIÈME LEÇON

(RÉVISION)

SOIXANTIÈME LEÇON (Avec spécimens et gravures)

LES INVERTÉBRÉS; EMBRANCHEMENT DES ANNELÉS

SOMMAIRE: Les animaux qui nous restent à connaître sont dépourvus d'os.

1° *annelés* : principaux caractères extérieurs. Antennes, tête, division du corps, pattes, ailes. Les uns sont articulés comme les *insectes* (6 pattes) ; les *araignées* (8 pattes) ; les *crustacés* (10 pattes) ; les *mille pattes* (grand nombre de pattes). Les autres dont le corps est composé d'anneaux, ne sont pas articulés ; ce sont les *vers* : lombric ou ver de terre, sangsue ; vers intestinaux : ascaride, ténia, douve, trichine, auxquels on peut joindre l'hydatide.

SOIXANTE-UNIÈME LEÇON

LES INSECTES, LES CRUSTACÉS & LES VERS

Les *insectes* forment la classe qui, dans la création, comprend le plus grand nombre d'individus, généralement nuisibles. Ces animaux, qui proviennent d'un œuf, passent presque toujours de l'état de larve à celui de chrysalide avant d'être insectes parfaits ; exemples : le hanneton, le papillon.

Les uns sont dépourvus d'ailes comme le pou, la puce, les autres en possèdent une paire : la mouche, le cousin, ou deux paires : le hanneton, le charançon, la coccinelle, la sauterelle, la libellule, l'abeille, la guêpe, le papillon, etc.

Parmi tous ces êtres, nous n'en avons, malheureusement, que quelques-uns à mentionner pour leur rôle utile ; ce sont :

Le *lampyre* ou *ver-luisant*, le *grillon* qui se nourrissent d'œufs, de larves ;

La *coccinelle* (bête à bon Dieu) qui détruit les pucerons;

Le *carabe*, la *libellule*, le *fourmi-lion* qui mangent des larves et de petits insectes ;

L'*ichneumon* qui détruit les chenilles ;

L'*abeille* qui produit le miel et la cire ;

Le *bombyx* du mûrier, d'où sort le ver à soie ;

La *cantharide*, employée en pharmacie pour la composition des vésicatoires ;

La *cochenille* (insecte exotique), utilisée dans l'industrie, pour la teinture.

Tous les autres insectes doivent être impitoyablement détruits, et, au premier rang, le hanneton, l'anthonome, l'altise, la cécidomye, les divers papillons et leurs chenilles.

Les *araignées* vivent de mouches et d'autres insectes ; les *scorpions* sont venimeux.

Nous ne dirons que peu de chose des *crustacés* dont les nombreuses espèces qui habitent nos eaux salées sont aussi estimées pour l'alimentation, qu'elles sont bien connues : homard, crevette, langouste, crabe ; nous y ajouterons l'écrevisse, crustacé d'eau douce, qui tend à disparaître ; le cloporte.

A l'exception de la sangsue, dont l'emploi n'est ignoré de personne, et, jusqu'à un certain point, des vers de terre qui fouillent et ameublissent le sol, le reste des *annelés* est, ou inutile, ou très nuisible.

SOIXANTE-DEUXIÈME LEÇON

EMBRANCHEMENT DES MOLLUSQUES

SOMMAIRE: Caractères généraux des *mollusques*; principaux types vivant dans la mer: poulpes, seiches; huîtres, moules, godfishes; vivant sur le sol et nuisant aux plantes dont ils font leur nourriture : limaces, escargots.

EMBRANCHEMENT DES ZOOPHYTES

Animaux-plantes qui forment en quelque sorte la transition entre le règne animal et le règne végétal. Les astéries ou étoiles de mer, les méduses, les coraux et les éponges qui se développent dans les eaux marines ; les hydres, dans les eaux douces, et les infusoires que produisent les liquides, sont des zoophytes.

~~~~~~

SOIXANTE-TROISIÈME LEÇON

ANIMAUX DOMESTIQUES

Les animaux domestiques de l'arrondissement sont : les bœufs et vaches, les chevaux, les porcs, les moutons ; on ne compte les ânes et les chèvres qu'en petite quantité.

Les hôtes de la basse-cour sont : les poules, les canards, les oies, les dindons, les pigeons et les lapins.

Bœufs et vaches. — Les *vaches* appartiennent à la race cotentine ou normande — l'une des plus renommées de la France — dont les produits sont supérieurs en qualité et en quantité à ceux des autres races. On élèves les vaches pour leur lait et leur chair ; on engraisse aussi des bœufs dans les pâturages, mais on ne les emploie jamais à aucun travail.

Une *vache cotentine* pèse de 300 à 350 kilogrammes. Bien nourrie, elle donne par jour environ 25 litres de lait qui peuvent fournir près d'un kilogramme d'excellent beurre ; elle est réputée bonne laitière quand elle produit, en moyenne, pendant toute la saison, au moins un demi-kilog. de beurre par jour.

Les vaches laitières sont nourries à l'herbage ; on ne les rentre à l'étable — et la nuit seulement, ou lorsque la neige recouvre le sol — que depuis décembre jusqu'à mars ; là, on les alimente de : foin, betteraves, carottes, farines. son, tourteaux ; en toute saison, on a soin de les abreuver d'eau saine et claire ; il faut par tête de bétail de 15 à 18 kilog. de foin par jour, distribués en 3 fois, et de 8 à 10 litres de racines hachées et mélangées avec 8 litres de son. Ces rations sont surtout pour les vaches nouvellement vêlées.
~~~~~~

Celles qui ne produisent plus de lait, parce qu'elles approchent de l'époque où elles mettront bas, sont nourries de foin seulement : 15 kilogrammes par jour ; mais, deux semaines avant le terme de la gestation, on augmente chaque ration de 3 à 4 litres de son sec.

Quant aux bêtes qui sont soumises à l'engraissement, à l'étable, on leur donne, pour les 3 repas, de 15 à 18 litres de féverolles concassées, de farine d'orge et de son et du foin à volonté, ou des betteraves, des carottes, du rutabaga ; à défaut de foin, on leur offre des tourteaux de colza, de coton, d'arachides ou de lin. Les animaux engraissés dehors n'ont d'autre nourriture que l'herbe qu'ils paissent à discrétion.

Veaux. — Les jeunes *veaux* sont d'abord nourris de lait doux, soit qu'ils tètent leurs mères, soit qu'on les fasse boire ; au bout d'une quinzaine de jours, on remplace peu à peu le lait doux par du lait écrémé et des bouillies de farine d'orge ou de sarrasin — ou mieux encore, de fécule de pommes de terre. — Après trois mois, ou plus, de ce régime, ces animaux sont bons pour la boucherie ; ceux qui doivent être élevés sont mis progressivement à l'herbe et au foin, à l'âge de deux mois ; toutefois on leur offre encore du lait — additionné de tourteaux de lin — deux fois par jour, pendant cinq ou six mois.

Caractères auxquels on reconnaît une vache bonne laitière. — La partie antérieure des mamelles se rapproche de la ligne horizontale ; les trayons, par leur disposition, sont placés en carré ; les deux veines qui se rendent aux mamelles, situées sous l'abdomen, sont suffisamment développées ; enfin, la dimension de l'*écusson* est en rapport avec la quantité de lait fournie.

L'*écusson* est formé par la partie postérieure des mamelles et s'étend même un peu plus haut ; le poil qui le recouvre est toujours dirigé de bas en haut ; la peau de cette région doit être jaune et parsemée de taches de couleur foncée.

Cheval. — On élève deux races de *chevaux* dans l'arrondissement : la race anglo-normande, demi-sang, carrossière, et la race percheronne, pour le trait ; nos nombreux herbages se prêtent admirablement à l'élevage du cheval ; le jeune poulain en liberté y acquiert des membres secs et nerveux et il y devient vigoureux et fort.

Les *poulains* restent avec leurs mères dans les prairies ; lorsqu'ils ont atteint l'âge de deux mois, on leur donne chaque jour un peu d'avoine, jusqu'à ce que la ration atteigne 2 litres ; à 18 mois ou 2 ans, on commence à les atteler.

Le cheval mange de 20 à 25 kilog. de foin de prairies artificielles surtout, et de paille, et 6 litres d'avoine, dans une journée. L'avoine est quelquefois remplacée par une quantité proportionnelle de carottes entières, de féverolles concassées, de maïs, ou encore par du son, lorsque les dents de l'animal sont usées.

Ane. — Il n'est guère employé que pour transporter le lait, des pâturages à la ferme ; bien que peu exigeant, il n'est pas toujours — ce qui est un tort — bien nourri, ni bien soigné.

Mouton. — Animal très utile, et par sa chair, et par sa laine, le *mouton* se nourrit d'herbe ; le pâturage est le régime qui lui convient le mieux. Les *agneaux*, que l'on engraisse pour la boucherie, reçoivent pendant deux mois, une ration d'avoine concassée, de son, de betteraves ou de carottes.

On donne aussi du son, de l'avoine et des carottes aux brebis qui allaitent leurs agneaux.

Un mouton produit de 3 à 4 kilog. de laine en suint. La tonte a lieu au mois de juin.

Porc. — La race normande — ou plutôt anglo-normande améliorée — est celle que l'on élève dans la contrée.

Le *porc* est facile à nourrir : il convertit en chair et en graisse une foule de résidus qui, sans lui, seraient perdus : les eaux grasses de la cuisine, les détritus de toute sorte, le petit lait, le lait caillé, mélangés de son, de mouture de sarrasin ou d'orge, de pommes de terre cuites, de feuilles de betteraves, d'orties ou d'orme, de marc de pommes, constituent principalement sa nourriture.

Cet animal doit recevoir une ration suffisante pour

satisfaire son appétit sans cependant qu'il laisse rien dans son auge, et, en outre, il doit manger à heure fixe.

Pendant que les *porcelets* sont sous la mère, il suffit de nourrir abondamment celle-ci ; au bout d'un mois, les jeunes porcs commencent à suivre le régime de la *truie*.

Chèvre. — On ne la rencontre que dans les ménages pauvres où se trouvent des malades ou des enfants. Elle se nourrit comme la vache et le mouton. On la fait aussi pâturer en l'attachant à un piquet. Les *chèvres* sont rares en Normandie.

Le lait de chèvre produit deux fois plus de beurre que celui de vache ; en outre, ces animaux n'étant jamais atteints de la tuberculose ne peuvent, par leur lait, communiquer la phtisie.

SOIXANTE-QUATRIÈME LEÇON

BASSE-COUR. — ABEILLES

Les *poules* et les *canards* sont les principaux volatiles de nos basses-cours. Les races que nous élevons sont : les poules de Crèvecœur, celles de Houdan et celles de La Flèche ; les *gélinottes* de Caumont sont moins communes qu'autrefois.

Leur nourriture consiste en grains ou grenailles d'orge, d'avoine, de sarrasin ; elles mangent aussi des vermisseaux, des insectes ; l'herbe leur est nécessaire ; aussi, en hiver, faut-il ajouter à leur ration des légumes, des feuilles de choux, etc.

Il vaut mieux les tenir dans une cour particulière, contiguë à un verger, que les laisser errer un peu partout.

Une poule bonne pondeuse peut produire 120 œufs annuellement. On conserve facilement les œufs en les plaçant la pointe en bas dans un vase et en les immergeant d'un lait de chaux au 1/100 ; on recouvre le vase et on le descend à la cave.

Le *canard* cherche sa nourriture surtout dans les ruisseaux, aussi l'eau lui est-elle indispensable. L'*oie* aime les herbes fines et courtes, et vit en troupeau, ainsi que le dindon. Le *canard de Rouen* et l'*oie de Toulouse* sont les meilleures races connues.

Les *dindons* sont très difficiles à élever ; pendant leur jeune âge, il faut veiller à ce qu'ils ne soient pas mouillés ni exposés au froid. Les *dindonneaux* exigent un régime spécial : poivre en grain, persil et œufs jusqu'à ce qu'ils aient pris le rouge, c'est-à-dire jusqu'à ce que leurs caroncules soient développées. Les dindons noirs, qui sont les plus estimés, sont les seuls que nous devrions posséder.

On s'occupe peu de l'élevage de la *pintade*. — Il n'en est pas de même de celui du *lapin* ; cet animal se rencontre partout ; il est d'ailleurs facile à nourrir. C'est la race commune qui est préférée, bien que la race russe commence à se propager.

Les *pigeons* sont également assez nombreux ; les principales espèces sont : le bizet, le trembleur, le culbutant, le boulant ou grosse-gorge.

Abeilles. — Quelques personnes — en trop petit nombre — s'occupent d'apiculture ; c'est une source de profits qui est à la portée de tous ceux qui habitent la campagne et qui disposent d'un verger. Chaque année la valeur de la cire et du miel récoltés, dédommage sensiblement du peu de soins que nécessitent les *abeilles*.

Il est indispensable de se servir de *ruches* dont la partie supérieure peut s'enlever et se remplacer par une autre ; celles qui renferment des cadres mobiles sont les meilleures ; elles doivent de plus être vastes (d'une capacité de 120 litres environ), pour que l'essaimage soit peu fréquent.

L'avantage de ces dernières sur les anciennes, d'une seule pièce, consiste à pouvoir toujours se rendre compte du travail des abeilles et à leur enlever tout ou partie de leur butin, sans les détruire : il suffit de les enfumer avec du papier ou des chiffons. Chaque ruche est installée un peu au-dessus du sol sur un tablier légèrement incliné (planche ou pierre) et elle est recouverte, s'il en est besoin, d'une toiture de paille.

En janvier on nettoie les ruches ; en mars, avril et

mai, on y introduit du sirop de sucre ou du miel pour nourrir la colonie, lorsqu'elle manque de provisions. Quand, en août ou en septembre, on enlève les rayons, quelques-uns sont laissés pour que ces insectes utiles ne souffrent pas de la faim.

Les abeilles rendent des services à l'agriculture ; en transportant le pollen d'une fleur à l'autre, elles contribuent à la fécondation de beaucoup de plantes ; on assure aussi qu'elles empêchent la multiplication de l'anthonome, en faisant tomber, lorsqu'elles butinent, l'œuf déposé dans la fleur, ou la jeune larve ; enfin, les champs de colza visités par les abeilles auraient moins à redouter les attaques des pucerons.

~~~~~~

SOIXANTE-CINQUIÈME LEÇON

HYGIÈNE DU BÉTAIL

Les animaux domestiques sont améliorés : 1° par un choix judicieux des reproducteurs ; 2° par une nourriture plus substantielle ; 3° par de bons soins.

La Société d'Agriculture de Bayeux a contribué, pour une large part, à l'amélioration de la race bovine normande, par la création du Herd-Book d'Isigny. Les principaux éleveurs y font classer leurs vaches et leurs taureaux qu'ils consacrent ensuite à la reproduction ; cette sélection ne peut que rendre les plus grands services.

C'est souvent l'insuffisance de la nourriture, ou sa mauvaise qualité, qui amènent la dégénérescence de la race, ainsi que la reproduction chez des sujets trop jeunes, ou encore un travail prématuré et excessif.

Le meilleur régime est celui qui est composé d'aliments variés : 1° fourrages secs et pailles ; 2° fourrages verts, racines, tubercules ; 3° graines, farines et sons, tourteaux. On offrira ce qui est le plus nourrissant aux jeunes sujets et aux animaux d'engrais ; les rations seront distribuées à heures fixes et on ne changera jamais brusquement, mais graduellement, le genre de nourriture.
~~~~~~

Les racines et les tubercules seront lavés et hachés; la cuisson en augmente considérablement les facultés nutritives ; les pommes de terre données aux vaches laitières, notamment, seront toujours cuites ; l'eau qui servira de boisson sera aussi pure que possible.

La malpropreté nuit à la santé ; les chevaux seront étrillés régulièrement tous les jours ; quand ils rentreront en sueur ou mouillés par la pluie, ils seront bouchonnés avec de la paille et — à la rigueur — on leur posera une couverture sur le dos. — Les vaches elles-mêmes seront fréquemment brossées. — Tous les bestiaux disposeront d'une litière abondante et renouvelée quotidiennement, sans en excepter les porcs qui ont besoin d'eau propre pour se baigner et se laver, et dont l'habitation sera bien tenue. — Le fumier des chevaux sera enlevé tous les jours ; celui des vaches tous les deux jours et celui des moutons tous les mois. Pour les autres animaux, y compris ceux de la basse-cour, cet enlèvement aura lieu à intervalles réguliers et suffisamment fréquents.

Le tondage annuel a aussi son importance hygiénique. Les écuries et étables seront bien aérées et leurs dimensions en rapport avec le chiffre des têtes de bétail qui y séjourneront ; elles seront fermées en hiver, les baies destinées à renouveler l'air resteront seules ouvertes. Le sol en sera dur, compact et n'absorbera pas les liquides ; il présentera un peu de pente pour permettre à l'urine de s'écouler ; les mangeoires, auges, râteliers seront tenus constamment propres.

Les animaux qui passent l'hiver dans les herbages ont quelquefois à souffrir du froid et de la faim ; il serait bon de leur élever, à peu de frais, des hangars sous lesquels ils se retireraient pour prendre leur nourriture qui, ainsi, ne serait pas gaspillée, et pour s'abriter contre les intempéries.

Lorsqu'on est obligé de faire consommer du foin de mauvaise qualité, on l'asperge d'eau salée ou on y ajoute quelques poignées de sel dont les vaches et les moutons sont friands ; en procédant de cette manière, on tire un assez bon parti des fourrages avariés.

En général, pour l'emploi de la paille et des fourrages

de qualité médiocre, on fait usage du hache-paille et on les mélange de racines également hachées, de graines, de mouture et surtout de sel.

A l'aide de ce condiment on peut faire consommer tous les foins ; le sel, en grain, assure la consommation des fourrages récoltés dans de mauvaises conditions ; ces fourrages sont disposés par couches de 0 m. 15 d'épaisseur sur lesquelles on sème de 1 à 2 kilogrammes de sel par 100 kilogrammes de foin, ce qui en prévient la fermentation et, par suite, la décomposition.

De plus, tous les animaux l'aiment ; il suffit d'en distribuer chaque jour de 1 à 2 grammes par volaille ; de 15 à 30 grammes par cheval ; de 5 à 15 grammes par porc ; de 3 à 8 grammes par mouton (remède contre la cachexie) ; de 50 à 80 grammes par bœuf à l'engrais et de 20 à 50 grammes par vache laitière, mélangé aux rations. Il fait prospérer les animaux à l'engrais et augmente la production du lait.

Basse-cour. — Une grande propreté n'est pas moins indispensable aux hôtes de la basse-cour. Le poulailler ne manquera pas d'aération ; les murs en seront blanchis à la chaux, le sol souvent nettoyé, les perchoirs lavés à l'eau bouillante, des caisses garnies de paille, fréquemment renouvelée, seront placées, pour la ponte, à quelque distance et non au-dessous des perchoirs ; du sable ou de la cendre mélangés de poudre insecticide seront mis à proximité, dans un coin, afin que les volailles puissent s'y vautrer et se débarrasser de la vermine qui les envahit trop souvent dans les locaux mal tenus. Les poules n'aiment pas l'humidité.

N'oublions pas que les animaux doivent être traités avec la plus grande douceur, ce qui n'a pas toujours lieu, malgré la loi Grammont et les efforts des Sociétés protectrices. Si nous détruisons ceux qui nous nuisent, nous ne pouvons que prendre le plus grand soin de ceux qui sont nos auxiliaires et nos serviteurs.

Les animaux domestiques, frappés, maltraités avec cruauté, deviennent rétifs, mutins, dangereux, tandis que de bons traitements les rendent dociles : la douceur est donc conseillée, et par l'humanité, et par notre intérêt personnel.

SOIXANTE-SIXIÈME LEÇON

PRINCIPALES MALADIES DES ANIMAUX DOMESTIQUES ; SOINS

Quand un animal est atteint d'une maladie contagieuse, son propriétaire ne doit pas négliger, sous peine d'amende, d'en faire la déclaration au Maire de sa commune, afin que l'Administration puisse prescrire les mesures sanitaires qu'il convient de prendre.

Race bovine. — Les maladies les plus communes sont : La *météorisation* ou *enflure*, à laquelle les moutons sont également sujets ; elle est souvent occasionnée par le fourrage vert et détermine le ballonnement du ventre ; on la combat en faisant avaler au bœuf ou à la vache un litre d'eau contenant une ou deux cuillerées d'ammoniaque ; un demi-verre de ce mélange suffit pour un mouton ; à défaut d'ammoniaque, on emploie une forte poignée de sel ;

Le *charbon* qui produit des tumeurs d'abord rouges, puis brunes, se développant très rapidement. On prévient le charbon en inoculant au bétail un vaccin spécial, découvert par Pasteur. Cette maladie dangereuse dont l'homme peut être atteint se communique à la plupart des animaux domestiques ; on la remarque principalement chez le mouton.

La *cocotte* ou *fièvre aphteuse* se présente sous la forme de petits boutons dont la bouche, les mamelles et quelquefois les onglons sont le siège ; elle peut sévir également sur les moutons, les chèvres et les porcs. Son traitement consiste en soins de propreté, en frictions de la bouche et de la langue, avec une décoction de plantain ou d'orge dans laquelle on ajoute, par litre, 100 grammes de vinaigre et autant de miel ; en lotions d'eau de fleur de sureau ou de mauve pour les mamelles qui sont ensuite frottées de saindoux mélangé de sulfate de fer en poudre ; les pieds sont lavés avec une dissolution renfermant 100 grammes de couperose verte pour 4 litres d'eau, ou encore avec de l'eau phéniquée.

On peut aussi laver, trois fois par jour, la bouche et les pieds de l'animal avec une solution composée de 15 grammes d'acide salicylique et de 4 litres d'eau tiède puis, après chaque ablution, on saupoudre, du même acide, les sabots de l'animal. — A raison de 1 gramme par tête de bétail, cet acide, dissous dans la boisson, sert de remède préventif ; on a soin d'en arroser aussi la litière, à la dose de 1 gramme par litre d'eau. En 1895, la fièvre aphteuse a causé, dans le département, des pertes s'élevant au chiffre de 557.000 francs.

Une autre maladie, c'est l'*avortement épizootique* des vaches. Si l'exploitation est exposée à être infectée, isoler les animaux récemment achetés ; isoler aussi toute vache pleine qui présente quelque signe pouvant faire craindre l'avortement et désinfecter la place qu'elle occupait, ainsi que la rigole d'écoulement des urines.

Les animaux atteints du *mal de gorge* sont placés dans un endroit chaud ; on leur entoure le cou d'une couverture de laine, et on leur donne des boissons tiè- des additionnées de farine ; des frictions sont opérées sur la partie engorgée.

L'*inflammation* qui se produit entre les onglons et qui peut gagner tout le pied, est guérie par l'application d'étoupes imprégnées d'une solution de couperose bleue, après que l'on a préalablement nettoyé la plaie à l'eau tiède.

Contre la *gale*, on emploie le savon noir et la fleur de soufre. Les courants d'air et l'obscurité des étables peuvent occasionner la *cataracte*, pellicule ou mem- brane qui se forme sur les yeux et que, prise au début, on guérit en insufflant dans l'organe, à l'aide d'une paille, un peu d'alun pulvérisé. Si la taie est trop déve- loppée, une opération est nécessaire.

La *diarrhée* est due à l'inflammation des intestins ; elle est très commune chez les jeunes veaux. On y re- médie par des bouillies de farine de riz, des lavements avec de l'amidon ou de l'huile battue, des œufs qu'on écrase dans la bouche de l'animal.

Race chevaline. — La *morve*, le *farcin*, le *cornage*, le *tic* se rencontrent chez le cheval, ainsi que l'*esquinan- cie* ou inflammation du gosier, les *avives*, les *dartres*, etc., au sujet desquels il faut consulter un homme de l'art.

Quelques-unes des autres affections sont :

La *gourme* qui occasionne un peu de toux ; sous la ganache, se montrent des glandes qui s'engorgent et bientôt suppurent ; il faut tenir l'animal chaudement et le nourrir de farine délayée et de son frisé ; la saignée, répétée s'il est nécessaire, amène la guérison.

Pour le *flux de ventre*, les *tranchées*, on donne des lavements de mercuriale, on bouchonne fortement et on fait absorber de l'eau dans laquelle a trempé de la graine de lin.

La *colique rouge* est combattue par l'absorption d'un demi-litre de fort café noir ; puis on entoure le ventre d'une chaude couverture et on promène le cheval le plus possible. Un ou deux lavements à l'eau tiède et salée complètent la médication.

Le *lampas* est une excroissance ou tumeur qui se produit à la mâchoire supérieure, près des pinces et qui fait souffrir le cheval lorsqu'il mange. On lave cette excroissance avec du vinaigre, dans lequel on a broyé deux ou trois gousses d'ail avec un peu de sel. On peut aussi en faire opérer la cautérisation par un vétérinaire.

Pour guérir les *plaies ordinaires*, le nettoyage de la blessure, les lavages à l'eau pure, à l'eau-de-vie, même à l'eau blanche ou à l'eau phéniquée (1 ou 2 centilitres d'acide phénique par litre d'eau) suffisent, en posant un bandage qui tient rapprochées les lèvres de la plaie, pour amener la cicatrisation.

SOIXANTE-SEPTIÈME LEÇON

PRINCIPALES MALADIES (Suite)

Race ovine. — *Clavelée, tournis, piétin.*

La *clavelée* et le *tournis* sont du ressort du praticien.

La première perd toute gravité par l'inoculation préalable d'un virus atténué.

Le *piétin* provient souvent de l'humidité des lieux où séjournent les moutons ; il s'établit une suppuration qui ferait promptement tomber la corne de l'onglon. À l'aide d'un pinceau, on met de l'eau-forte sur les plaies, puis on baigne le pied d'une solution de couperose verte.

Une infusion de thym ou de serpolet a été également recommandée, contre le piétin et contre la fièvre aphteuse ; on en fait boire de temps à autre une tasse à l'animal malade et on lui lave les parties atteintes, d'abord d'eau claire, puis avec la même infusion.

Race porcine. — *Avives, soyons, gale, rouget.*

Le porc n'a pas à redouter le *rouget* lorsqu'il a été vacciné ; quelques épizooties, auxquelles la race porcine est sujette, peuvent être prévenues en mélangeant aux aliments de chaque repas une pincée de soufre sublimé par animal.

Les *avives* résultent d'un gonflement du cou et de la gorge ; on les fait disparaître à l'aide de cataplasmes émollients et en donnant à l'animal des aliments délayés dans de l'eau tiède.

Les *soies* ou *soyons* proviennent d'une fissure qui se produit de l'intérieur à l'extérieur de la gorge et dans laquelle pénètre une touffe de poils ; l'animal ne peut avaler aucune nourriture ; il suffit d'arracher ces poils pour que la cicatrisation s'opère.

La *gale* dont la plupart des animaux peuvent être atteints, se traite pour tous comme nous l'avons indiqué ci-dessus ; les frictions au jus de tabac peuvent aussi être faites avec succès.

Le meilleur moyen de braver les *épizooties* est de donner de bons soins hygiéniques aux bestiaux, de maintenir les étables, bergeries, porcheries dans un état constant de propreté et, dans le cas de contagion, d'en désinfecter le sol, les murs, les mangeoires, etc., avec de l'eau phéniquée, du sulfate de fer en dissolution, du pétrole, ou du soufre en combustion.

Parmi les maladies qui sévissent sur les animaux, les unes ne sont pas contagieuses, d'autres se communiquent : *peste bovine, cocotte, tuberculose, rage, charbon, gale, morve, farcin, clavelée, piétin.*

Enfin les dernières, contagieuses ou non, constituent des vices rédhibitoires ; les bestiaux qui en sont atteints ne peuvent être considérés comme définitivement vendus que 9 jours après que l'acquéreur s'en est livré (le délai est même de 30 jours pour la fluxion périodique). Loi du 2 août 1881.

Les principaux vices rédhibitoires, c'est-à-dire qu entraînent l'annulation de la vente, sont : la *morve*, le *farcin*, le *cornage*, le *tic*, la *fluxion périodique des yeux ;* — la *clavelée* ; — la *ladrerie.*

Dans tous les cas qui paraissent présenter quelque gravité, il est indispensable de consulter le vétérinaire, et non les sorciers et empiriques du voisinage ; ces soi-disant guérisseurs par secret n'ont conservé jusqu'à présent un peu de prestige que grâce à une crédulité que rien ne justifie ; l'instruction les fera bientôt disparaître, au grand profit, et des bestiaux et de la bourse de leurs naïfs propriétaires.

Basse-cour. — Les poules, et aussi les autres volailles, sont sujettes à la *pépie.* Cette affection se reconnaît lorsque les volatiles sont privés d'appétit et que leurs plumes se hérissent ; des pellicules ou chancres adhèrent à la gorge et à la langue. On enlève, avec des ciseaux ou un canif, les membranes produites par les ulcérations ; on lave les plaies avec un peu de vinaigre, puis on les frotte de beurre frais. — La mauvaise qualité de l'eau cause souvent la pépie.

Le *choléra* est plus redoutable pour les poules ; il est très contagieux et dépeuple rapidement la basse-cour. — L'animal qui en est frappé porte les ailes traînantes, les plumes hérissées ; une torpeur profonde l'envahit. Dès que l'on remarque ces symptômes, il faut isoler les sujets atteints, nettoyer et désinfecter à fond la cour, les poulaillers et les perchoirs ; enfin, faire vacciner les autres volailles d'après le procédé Pasteur (virus atténué, identique à celui du rouget et du charbon).

Les lapins contractent assez fréquemment, lorsqu'ils mangent du fourrage mouillé, la maladie connue sous le nom de *gros ventre* et qui est une sorte de *météorisation :* un mélange de persil et d'orge grillée, donné en alimentation, les guérit. — *L'inflammation des yeux* ne sera jamais à redouter si le clapier est tenu convenablement.

JUIN

SOIXANTE-HUITIÈME LEÇON

(COMPOSITION)

SOIXANTE-NEUVIÈME LEÇON

PESANTEUR. — LEVIER

SOMMAIRE : *Pesanteur* (force qui entraîne les corps vers le centre de la terre, direction indiquée par le fil à plomb.— Les corps n'ayant pas tous la même densité, tombent plus ou moins vite dans l'air, dans un gaz ou un liquide quelconque; dans le vide, la durée de la chute serait la même, 9 m. 81 pendant la 1re seconde, cette chute s'accélérant en raison du carré du temps qu'elle dure. Dans l'air, une pierre parcourt 4 m. 90 pendant la 1re seconde de sa chute. — Le poids résulte de la pression que tout corps exerce sur ce qui s'oppose à sa chute).

Verticale, horizontale fil à plomb, niveaux. — *Levier* (barre ou tige rigide s'appuyant sur un point fixe); *point d'appui, résistance, puissance.* Selon que le point d'appui est placé entre la puissance et la résistance, ou après la résistance, ou encore que la puissance est elle-même entre le point d'appui et la résistance, le levier est du 1er genre : une paire de ciseaux, une balance ordinaire ; du second genre : la brouette ; du 3e genre : les pincettes.

Balance : de quoi se compose-t-elle? Vérification ; double pesée, bascule.

Expériences : 1° Laisser tomber, d'abord séparément, une pièce de monnaie et un disque de papier du même diamètre ou d'un diamètre inférieur, puis renouveler l'expérience en plaçant le disque sur la pièce.

2° Faire usage de la balance devant les enfants, pour leur enseigner à la vérifier et à effectuer de doubles pesées.

SOIXANTE-DIXIÈME LEÇON

ÉQUILIBRE DES LIQUIDES. — POMPES
MACHINES A VAPEUR .

SOMMAIRE: *Equilibre des liquides ; vases communiquants ;* niveau d'eau ; *puits artésiens ; jet d'eau.* — *Pompe aspirante ; pompe foulante (pompe à incendie).*

Les pompes qui élèvent l'eau d'un puits ou d'une citerne ne fonctionnent que grâce à la pression atmosphérique, et cette pression ne peut faire monter l'eau dans le corps de pompe, c'est-à-dire dans un vide relatif, à plus de 8 ou 9 mètres ; dans le vide absolu, l'eau monterait à 10 m. 33.

La *vapeur :* sa force d'expansion ; quelques applications : la *locomotive,* la *machine à battre.*

Expériences : 1° Avec un entonnoir auquel on adapte un tube en caoutchouc garni à son autre extrémité d'un fragment de tuyau de pipe ou d'un bouchon dans lequel on a ménagé une petite ouverture, on obtient un jet d'eau ;

2° En faisant bouillir de l'eau dans un tube métallique de faible dimension — et bien bouché — la vapeur chassera bientôt le bouchon.

~~~~~~

SOIXANTE-ONZIÈME LEÇON

LA LUMIÈRE

SOMMAIRE: *Lumière ;* ses sources ; *réflexion* et *réfraction,* ombre ; *glaces* ou *miroirs plans* et images qu'ils reflètent. — *Lentilles convergentes* (exemple : celles des lunettes pour presbytes) ; *divergentes* (pour myopes). — *Loupes* ou lentilles bi-convexes qui grossissent les objets et réunissent en un point appelé *foyer* les rayons de chaleur et de lumière qu'elles reçoivent. (Les lentilles ajustées comme il convient servent à construire les microscopes, télescopes, lanternes des phares, etc) — Décomposition de la lumière blanche à l'aide du prisme ; arc-en-ciel. (Phénomènes dus à la réfraction).

Expériences : 1° Placer obliquement un bâton droit dans un seau d'eau ; il paraîtra former un angle à la surface du liquide. Une pièce de monnaie, dans un verre, sera visible ou non selon le point qu'occupera l'œil de l'observateur et suivant que le verre sera plein ou vide ;
~~~~~~

2° Avec une lentille convergente — ou une loupe — enflammer une allumette, de l'amadou, etc., à l'aide des rayons solaires ;

3° Si l'on possède un prisme triangulaire de verre, décomposer la lumière ;

4° Lorsque le soleil luit et n'est pas encore bien élevé au-dessus de l'horizon, si l'on projette en l'air de l'eau claire avec un pulvérisateur, on reproduit le phénomène de l'arc-en-ciel.

SOIXANTE-DOUZIÈME LEÇON

ÉLECTRICITÉ. — MAGNÉTISME

SOMMAIRE : *Électricité ; foudre ; cyclones.* Pouvoir des pointes : *paratonnerre* (il exerce son action sur un rayon double de sa hauteur, y compris celle de l'édifice qu'il surmonte). — *Corps bons conducteurs :* métaux, braise, eau ; *mauvais conducteurs :* soie, caoutchouc, verre, porcelaine. — *Pile électrique ; télégraphe.*

(Pendant les orages, l'éclair et le tonnerre se produisent simultanément ; si le bruit du second n'est perçu que plusieurs secondes après la lueur du premier, c'est que le son parcourt seulement 340 mètres par secondes, tandis que la lumière dépasse 300.000 kilomètres dans le même temps. — Il ne faut ni courir, ni s'abriter sous les arbres lorsqu'un orage éclate.)

Expériences : 1° On dégage de l'électrité en frottant, avec un morceau de drap, un bâton de cire à cacheter (électricité résineuse ou négative) ou un bâton de verre (électricité vitrée ou positive); de petits morceaux de papier, des barbes de plume, des fragments de moelle de sureau sont attirés puis repoussés par les bâtons électrisés;

2° Une pile électrique peut se fabriquer avec une dizaine ou plus de pièces de 5 ou de 1 o centimes, ou bien de rondelles de cuivre ; on se procure autant de rondelles de zinc et de feutre, toutes de même diamètre; on les empile dans cet ordre : cuivre, zinc, feutre... et on termine par le zinc ; le tout est réuni par des fils de soie. On fixe un fil de fer à la première rondelle de cuivre, un autre à la dernière de zinc. Il suffit d'imbiber le feutre de vinaigre pour dégager un courant électrique ;

3° Une pièce d'argent posée sur la langue et une lame de zinc placée au-dessous produisent aussi de l'électricité lorsqu'on les réunit en avant ; la salive et la langue remplacent, dans ce cas, le vinaigre et le feutre (l'acide et le corps poreux).

SOMMAIRE : Du *magnétisme* L'aimant naturel est une sorte de minerai de fer qui attire le fer, l'acier, le nickel. L'acier peut être aimanté et conserver son aimantation : cette propriété se communique par le frottement d'un aimant et aussi par un courant électrique.

Faire connaître l'usage de la *boussole*, qui n'est qu'une aiguille aimantée tournant librement sur un pivot, et dont l'une des pointes se dirige constamment vers le nord dont elle fait ainsi connaître à peu près la direction.

<hr>

SOIXANTE-TREIZIÈME LEÇON

MACHINES & INSTRUMENTS AGRICOLES (Avec promenade)

Outre les tombereaux et charrettes qui servent, en agriculture, à tous les transports, nous citerons :

La *faucheuse mécanique* qui peut remplacer la faux pour couper et mettre l'herbe des prairies en andains ; la *faneuse* et le *râteau à cheval* qui sont employés également pour le fanage et la récolte des foins ; ces deux derniers sont utilisés avec succès pour les prairies naturelles, mais ils réussiraient moins bien pour les sainfoins dont le feuillage se détache trop facilement.

La *faux à râteau* est d'un usage courant pour la moisson ; elle est quelquefois avantageusement remplacée par la moissonneuse mécanique qui fauche à la hauteur que l'on désire, dispose les céréales en javelles et peut en abattre trois hectares par jour et opérer sur tous les sols non plantés d'arbres.

Le fonctionnement de tous ces instruments est simple et leur mise en mouvement s'acquiert aisément.

Pour le battage des grains, l'ancien procédé au *fléau* est généralement remplacé par le *battage mécanique*, la machine étant mue par des chevaux ou par la vapeur (elle pourrait l'être par d'autres forces comme l'eau et le vent).— Le battage au fléau ne présente qu'un seul avantage: fournir de la paille fraîche que les bestiaux préfèrent. — Les balles, ou la menue paille qui entoure le grain en est éliminée au moyen du *tarare* dont les principales pièces sont : des grillages métalliques et un tambour renfermant un ventilateur.

Enfin les bonnes graines sont séparées des mauvaises à l'aide du *trieur*, cylindre incliné, en tôle, divisé en plusieurs compartiments percés de trous dont les formes sont variées et dont les dimensions augmentent d'un compartiment à l'autre ; son emploi est surtout indispensable pour obtenir de belle semence.

Le *hache-paille* sert à couper menu la paille, ce qui permet de la mélanger à d'autres aliments. — Le *coupe-racines* sert à couper les betteraves et les carottes.

Dans la grande culture surtout, ces instruments sont tous très utiles, le travail étant exécuté mieux et beaucoup plus rapidement ; la plupart peuvent être mis en mouvement par un *moteur à pétrole*.

(Dans les promenades. faire voir aux élèves ces diverses machines, principalement lorsqu'elles fonctionnent, et leur fournir les explications nécessaires).

MOISSON

Blé. — Cette céréale se récolte du 20 juillet au 20 août ; coupée à la faux ou à la moissonneuse, elle est déposée par javelles sur le sol ; dans les années humides, on la dispose en *moyettes*, ce que l'on devrait toujours faire et pour toutes les céréales, et aussi pour les foins des prairies artificielles.

A cet effet, on prend un certain nombre de javelles qu'on place debout, en leur donnant du pied et qu'on lie par le haut au-dessous de l'épi ; on recouvre d'une espèce de chapeau formé d'une gerbe renversée ; ces moyettes sont appelées *demoiselles ;* deux personnes suffisent pour les élever. — Une autre méthode, qui est préférable, consiste à dresser les moyettes en réunissant plusieurs gerbes: une première est mise debout; deux autres sont inclinées sur celles-ci ; ces trois gerbes sont en ligne droite et leurs bases sont distantes de 0 m. 50 à 0 m. 60. Deux nouvelles gerbes forment une croix avec les précédentes ; les quatre espaces vides reçoivent aussi chacun une gerbe ; toutes sont inclinées sur la première et leur sommet est recouvert par deux javelles liées ensemble, dont l'épi est dirigé vers le bas; l'air circule entre les gerbes.— Ces moyettes ne sont enlevées que lorsque le grain est bien mûr et la paille desséchée. — En procédant ainsi, on obtient du grain plus fourni, plus pesant, d'une plus belle couleur et d'une meilleure qualité ; enfin, si la saison est pluvieuse, le grain ne germe pas. — Quand le blé est lié, on le met en moule ou on le rentre dans la grange.

Le *seigle*, dont la maturité précède un peu celle du froment, se récolte comme celui-ci.

L'*orge* et l'*avoine*, fauchées en andains, sont ensuite, à l'aide de râteaux de bois ou fauchets, ramassées en petites javelles, puis liées.

Pour éviter l'égrenage, on doit couper les céréales avant qu'elles soient arrivées à leur complète maturité.

Colza. — Le *colza* est coupé à la faucille et on le bat au fléau sur place après l'avoir préalablement déposé sur des bâches étendues par terre et fixées à l'aide de piquets. Les javelles sont transportées dans des civières ou barquettes qui empêchent de perdre le grain en les déplaçant.

La récolte du sarrasin, des féverolles, du foin, des racines et tubercules a été traitée dans les leçons que concernent la culture de ces plantes.

SOIXANTE-QUATORZIÈME LEÇON

Animaux, insectes et plantes particulièrement nuisibles soit aux animaux domestiques, soit aux végétaux cultivés.

(Avec gravures et spécimens ; former des collections)

Animaux et insectes. — La plupart ont déjà été nommés : le renard, le putois, la marte, la fouine, la belette, les milans et les éperviers qui ravagent nos basses-cours et que l'on détruit par les pièges, le poison, le plomb ou au moyen de chiens bien dressés ; le rat, la souris, le mulot, le campagnol qui dévorent nos moissons et nos grains, et dont l'ennemi naturel est le chat ainsi que les oiseaux de proie nocturnes ; on s'en débarrasse aussi par les pièges et par le poison.

Les insectes surtout sont à redouter : l'*altise* ou puce de terre, qui attaque les crucifères et contre laquelle on emploie la chaux ou le sulfate de fer en poudre ; la larve du *colaspis* qui ronge la luzerne : la chaux en poudre lui est également funeste ; le *taupin* des blés désigné vulgairement sous le nom de scarabée à ressort, la *courtilière* ou taupe-grillon et la *cécidomye* qui sont des ennemis pour le blé ; les oiseaux seuls peuvent nous en délivrer ; mais l'insecte qui occasionne le plus de pertes à l'agriculture est le *hanneton*, qu'il soit à l'état de ver blanc ou à l'état d'insecte parfait.

Dans le premier état, sa larve ronge les racines des plantes ; dans le second, le hanneton dépouille la plupart des arbres de leurs feuilles. On peut tuer les mans en semant, derrière la charrue qui les découvre, du sulfate de fer ou du sulfate de cuivre ; mais le moyen le plus sûr serait la destruction du hanneton à l'état d'insecte parfait et avant qu'il ait pondu ses œufs : c'est le matin, à l'aube, qu'il est le plus facile de s'en emparer. Le hannetonnage, pratiqué avec ensemble, comme il l'a été en 1895 par les enfants des écoles, encouragés par la Société d'Agriculture, rend les plus grands services ; dans cette année 14.000 litres, représentant 5 à 6 millions d'insectes, ont été recueillis et les hannetons détruits par l'eau bouillante ou l'eau de chaux ; mélangés à la chaux vive, ils donnent un bon engrais azoté. Mentionnons comme ennemis du hanneton ou de sa larve, l'étourneau, le moineau, la corneille, la chauve-souris, la taupe et le hérisson.

Les chenilles exercent leurs ravages sur quantité de végétaux ; si, à tort, l'échenillage n'est pas rigoureusement fait, ce sont encore les oiseaux qui nous débarrassent de ces insectes voraces.

Nous avons parlé autre part du *charançon*, de l'*anthonome*, des *pucerons*, de la *chématobie* et des procédés à employer pour les détruire

Les *pucerons lanigères* ne résistent pas à une solution de 75 grammes de savon noir et 15 centilitres d'alcool amylique dans un litre d'eau dont on les inonde à l'aide d'un pinceau ou d'un pulvérisateur ; on arrose le sol, tout autour du pied de l'arbre, pour les insectes tombés, puis on enduit les crevasses et blessures de l'écorce d'un mélange de 100 parties de goudron et 15 de benzine.

La *limace*, l'*escargot* et les *vers gris* dont le crapaud se nourrit sont combattus avec de la chaux en poudre que l'on sème le matin, à la rosée, ou le soir.

Le *chlorops*, la *tipule*, l'*alucite*, la *teigne* attaquent les céréales : les oiseaux se chargent encore de les détruire comme ils le font des *guêpes*, des *mouches* et des *taons* qui tourmentent le gros bétail.

Les légumes secs sont attaqués par les *bruches ;* pour s'en débarrasser, on plonge, dans l'eau bouillante, les graines qui serviront à la consommation ; mais on ne peut le faire pour celles qui doivent être semées, les bruches d'ailleurs ne leur font pas perdre leurs facultés germinatives.

L'installation défectueuse des étables, la mauvaise qualité du foin, le défaut de propreté, surtout, occasionnent des *parasites* aux animaux. En améliorant le régime et en frictionnant la peau d'onguent gris, ces parasites ont vite disparu.

Plantes. — Les végétaux utiles n'ont pas seulement des animaux et des insectes pour ennemis ; une foule de plantes leur sont souvent aussi pernicieuses.

Dans les terrains en labour on rencontre : le *chiendent*, le *chardon*, le *liseron* des champs, le *pas-de-lion*, la *folle avoine* (patenôtre), le pas d'âne ou *tussilage*, la *moutarde sauvage* difficile à détruire, la *nielle*, l'*ivraie des blés*, la *cuscute*, la *mercuriale*, le *grateron*, le *coquelicot*, le *bluet*, etc.

Pour combattre efficacement toutes ces plantes nuisibles, on laboure le plus tôt possible, après les récoltes, et à plusieurs reprises ; ces labours sont suivis de hersages, puis les racines sont ramassées en tas et brûlées. — Un bon chaulage, avant une culture de sarrasin, détruit le chiendent ; les chardons sont coupés avant d'être à graine, ou mieux arrachés ; l'échardonnage doit être terminé le 15 juillet au plus tard.

Les champs de trèfle et de luzerne sont quelquefois ravagés par la *cuscute* ou teigne, plante parasite à filets jaunâtres, garnis de suçoirs qui épuisent rapidement la tige autour de laquelle la cuscute s'enroule. Le remède est de faucher en juillet, aussi ras que possible, les espaces envahis et même un peu au-delà ; de brûler le tout et d'arroser l'emplacement avec une dissolution de sulfate de fer au dixième ou même au vingtième, autrement la plante parasite envahirait tout le champ.

On emploie ce dernier procédé pour détruire la *mousse* qui croît dans les prairies ; mais au lieu d'arroser, on peut, au printemps, par un temps humide, semer le sulfate de fer pulvérisé, à la dose de 200 à 400 kilogrammes à l'hectare, selon l'envahissement.

Le *gui* est aussi une plante parasite ; la *rouille*, l'*ergot*, le *charbon*, la *carie* sont des maladies déjà mentionnées dont l'humidité favorise le développement ; en plus du chaulage, le drainage en est un préservatif.

Dans les prairies naturelles nous trouvons : les *joncs*, les *laiches*, les *prêles*, la *patience* ou *doche*, l'*yéble* ou *sureau sauvage*, la *renoncule* ou *bouton d'or*, la *bruyère* et aussi les *chardons* ; toutes ces plantes doivent être arrachées avant leur floraison.

Le labour, la rotation des végétaux, les engrais, le choix et la propreté des semences, le chaulage, influent à la fois sur la qualité des récoltes et le développement des mauvaises herbes : tant vaut le cultivateur, tant vaut la terre.

SOIXANTE-QUINZIÈME LEÇON

(RÉVISION)

JUILLET

SOIXANTE-SEIZIÈME et SOIXANTE-DIX-SEPTIÈME LEÇONS

CORPS SIMPLES ET CORPS COMPOSÉS

Les 70 corps simples, formés chacun d'une seule ma·
tière et conséquemment indécomposables, comprennent 15 métalloïdes et 55 métaux. — Les principaux
métalloïdes sont : l'*oxygène*, l'*hydrogène*, l'*azote*, le *carbone*, qu'on obtient très divisé en plaçant une assiette
au-dessus de la flamme d'une chandelle ou d'une bougie (noir de fumée), le *soufre*, le *phosphore*, le *chlore*, le
silicium, dont les uns sont solides et les autres gazeux ;
ils forment par leur association les corps organisés et
les corps inorganiques. Quelques métaux : *aluminium,
calcium, sodium, potassium magnésium, fer, cuivre*, etc.,
entrent dans la composition des terrains ou, encore,
dans celle des amendements et engrais que nous utili-
sons pour les plantes.

Tous ces corps simples peuvent se combiner plusieurs
entre eux, en proportions déterminées. — La combinaison d'un métalloïde à l'oxygène ou à l'hydrogène
porte souvent le nom d'*acide :* acides sulfurique, carbonique, phosphorique, chlorhydrique, etc. ; quelquefois l'association est un *oxyde :* oxyde de carbone, pro-
toxyde d'azote.

Les *bases* sont le résultat de la combinaison d'un métal à l'oxygène : chaux, potasse, alumine, magnésie,
oxyde de fer (rouille), oxyde de cuivre (vert-de-gris). —
Les *sels* proviennent de l'union des acides et des bases :
sulfates de fer, de cuivre ; carbonates de chaux, de potasse ; nitrates ou azotates de soude, de potasse ; chlo-
rhydrate d'ammoniaque.

Comme nous venons de le voir, les bases portent fréquemment le nom d'*oxydes ;* l'association de deux métalloïdes ou d'un métalloïde et d'un métal se désigne
différemment lorsque l'oxygène n'y entre pas : chloru-

ros de potassium, de sodium ; sulfures de carbone, de cuivre, carbures, bromures, etc.

Le mélange des métaux fondus ensemble prend le nom d'*alliage ;* lorsque le mercure y entre, c'est un *amalgame.* (Apprendre à distinguer les métaux les plus employés et faire connaitre leur usage, ainsi que celui de leurs alliages : fer (acier, fonte), zinc, étain, cuivre (laiton, bronze), plomb, mercure, argent, or. — Tous les métaux sont solides, sauf le mercure qui ne se solidifie qu'à 40 degrés au-dessous de zéro).

Principales propriétés des métaux : *ductilité, malléabilité, conductibilité, ténacité, dureté, fusibilité. — Densités.*

Hygiène. — Des dangers que peuvent présenter les ustensiles de cuisine en cuivre ou en laiton.

SOIXANTE-DIX-HUITIÈME LEÇON

LE BEURRE; SA FABRICATION

Les nombreuses bêtes à cornes qui pâturent dans nos excellents herbages fournissent un lait que l'on transforme en beurre exquis ; aussi l'industrie beurrière est-elle, au point de vue agricole, la plus importante de l'arrondissement, celle qui fait la prospérité du pays. — Notre beurre, désigné sous le nom de *beurre d'Isigny,* est connu dans le monde entier.

Les cultivateurs jaloux de conserver à leurs produits une réputation légitime, mettent en œuvre tous les moyens que l'expérience et la pratique leur suggèrent. Il faut, pour la fabrication du beurre, un talent et des soins spéciaux ; les producteurs l'ont si bien compris qu'ils ne s'en rapportent qu'à eux-mêmes pour la direction à suivre. C'est surtout à la femme qu'incombent les soins réclamés par cette industrie. La qualité du beurre, et par suite son prix de vente dépendent de la surveillance constante et minutieuse que la fermière exerce sur les animaux, la traite et la laiterie.

La moindre négligence peut compromettre la renommée que les produits de tel cultivateur avaient acquise et en faire baisser le prix de vente dans de fortes proportions ; la santé des vaches laitières, leur nourriture, le choix des sujets, leur lait (on ne se hasardera pas à mélanger celui d'une vache récemment achetée avec celui des autres, sans un essai préalable), la manière dont on engraisse les herbages, la nature du terrain, l'eau qui sert de boisson, etc., influent sur la qualité du beurre.

On peut apporter partout les mêmes soins à cette fabrication, mais ce qu'on ne peut guère rencontrer ailleurs que dans le Bessin, ce sont de plantureuses prairies où l'herbe croît presque sans frais et dans lesquelles se trouve de l'eau saine et abondante.

La traite. — On doit traire le bétail trois fois par jour, sinon le lait perdrait en qualité et en quantité ; cependant on ne trait que deux fois les vaches qui approchent de l'époque où l'on doit cesser complètement de leur tirer le lait, — c'est-à-dire lorsque la gestation est près d'arriver à son terme.

Les personnes chargées de ce travail doivent avoir les mains propres, savoir traire rapidement et à fond, le dernier lait sorti du pis étant le meilleur ; on épuise les trayons, en croix, et non parallèlement. Une servante ne peut traire par jour plus de 15 vaches et exécuter la besogne qui correspond à ce premier travail. On ne conservera jamais les domestiques qui maltraitent les animaux ; les vaches malmenées deviennent craintives ou farouches, dans tous les cas inabordables, et leur lait perd en qualité.

Le coulage. — Aussitôt que les vaches sont traites, le lait est apporté de suite à la ferme, en l'agitant le moins possible ; on le verse immédiatement dans des vases en terre de Noron, contenant de 15 à 20 litres et s'élargissant à la partie supérieure, afin de faciliter l'ascension de la crème ; un filtre (ou passoire) est employé pour opérer ce transvasement, de sorte qu'aucun corps étranger ne reste dans le liquide. — Les *cannes* sont lavées dès qu'elles sont vides, à l'eau froide d'abord, puis frottées avec des orties et rincées à l'eau chaude ; il en est de même pour le filtre.

Le coulage s'opère dans la laiterie où les pots sont placés sur des bancs ou de petits murs, par ordre de traite ; on évite de les remuer, afin de ne pas empêcher la formation de la crème. Ils doivent d'ailleurs être disposés de manière à ce qu'on puisse circuler facilement autour pour les écrémer.

La plus grande attention est apportée au nettoyage des pots à couler : ils sont lavés à l'eau chaude, frottés avec des orties et rincés quatre ou cinq fois, puis plongés, deux minutes environ dans l'eau bouillante.

Dans quelques exploitations on place, en outre, les pots sur un feu de charbon modéré ; c'est le grillage, dont on peut à la rigueur se dispenser.

On juge de l'aptitude d'une bonne servante par la façon dont elle s'acquitte du nettoyage des pots et de la baratte.

Afin de ne pas manquer d'orties en hiver, on en fait provision l'été, avant leur floraison, et on les fait sécher à l'ombre sur un plancher en bois, pour les conserver indéfiniment.

La laiterie. — Elle est située le plus loin possible des étables et de la fosse à fumier, dans un lieu frais, et est pourvue d'ouvertures sur le nord. Le lait absorbant les odeurs, on doit veiller à ce qu'il n'y en ait pas de désagréables, soit dans les prairies où elles influeraient indirectement sur ce produit par la respiration du bétail, soit dans la laiterie ou son voisinage. — Dans les étables curées trop rarement, le fumier donne également une mauvaise odeur au lait. Pour la ventilation de la laiterie, on y établit, pendant l'été, des courants d'air. Un thermomètre est indispensable, afin de vérifier si la température s'y maintient à une élévation convenable pour l'ascension de la crème (de 10 à 12 degrés centigrades).

En hiver, la laiterie est chauffée au charbon de bois placé dans des réchauds ; on se sert aussi de poêles alimentés du même combustible, mais le premier mode est préféré.

Dans les deux cas, il y a des précautions à prendre : enlever les charbons fumeux qui donneraient un mauvais goût à la crème, et se préserver des gaz délétères très dangereux pour la santé. Le chauffage à l'eau chaude, à l'aide du thermo-siphon, serait préférable.

Le pavage est fréquemment lavé avec de la potasse

et de l'eau ; une éponge ou des linges sont employés à cet effet. En été, l'eau fraîche y est répandue abondamment tous les jours.

SOIXANTE-DIX-NEUVIÈME LEÇON

LE BEURRE ; SA FABRICATION (Suite)

L'écrémage. — Pendant la mauvaise saison, il faut 24 heures pour que la crème se forme complètement ; 12 heures suffisent, en été ; 21 litres de lait produisent environ 2 litres de crème : celle qui monte la première est de qualité supérieure.

Pour avoir la crème à part, on se sert de deux écrémoires différentes : l'une sans trous et l'autre percée de trous ; avec la première, on retire la partie supérieure de la crème ; le reste est enlevé à l'aide de la seconde dont les trous laissent égoutter le lait sans qu'il puisse passer autre chose. — Les écrémeuses centrifuges fournissent plus de beurre, mais la qualité de ce produit n'est pas aussi bonne.

La crème est conservée dans de grands pots (aussi en terre de Noron), nommés *serènes* et placés dans une pièce contiguë à la laiterie, la crémerie. Vers la base des serènes se trouve une petite ouverture bouchée d'une cheville de bois ; avant de verser la crème dans la baratte, on enlève la cheville et on laisse égoutter le petit lait qui, par son poids, occupe le fond du vase ; deux litres de crème donnent à peu près un kilogramme de beurre.

La crémerie, comme la laiterie, est tenue dans un état constant de propreté.

La crème, pour fournir de bon beurre, doit avoir acquis une certaine acidité ; trois ou quatre jours suffisent pour qu'elle soit à point ; un temps plus prolongé serait nuisible : aussi fabrique t-on le beurre deux fois par semaine.

Le beurre. — La baratte est placée dans une pièce spéciale appelée beurrerie, quelquefois dans la laverie, mais toujours à proximité de la pompe. Les dimensions des barattes varient selon la quantité de beurre que l'on doit faire.

Cet ustensile ressemble à un petit tonneau ; dans l'intérieur sont disposées trois barres horizontales qui servent à diviser la crème et à séparer le beurre de la caséine et du petit lait. Une ouverture ovale ou circulaire est pratiquée au milieu des douves pour introduire la crème et retirer le beurre. A côté de cette ouverture un trou, garni d'un bouchon, est pratiqué : il est utilisé pour l'écoulement du lait de beurre.

La baratte est disposée sur un chevalet et mise en mouvement par deux hommes à l'aide de manivelles placées à chaque extrémité, — ou par un manège que fait tourner un cheval.

Le mouvement de rotation est modéré et dure une demi-heure environ. Quand le beurre est condensé, ce qui se reconnait au bruit mat qu'il fait en tombant sur les barres horizontales, on enlève le bouchon pour laisser écouler le petit lait et on le remplace par de l'eau très claire et très pure.

Lavage. — Alors commence le *délaitage* ou lavage, opération très délicate puisqu'elle contribue à la finesse et à la conservation du beurre ; le lavage se fait dans la baratte : on renouvelle l'eau jusqu'à ce qu'elle ressorte absolument pure ; le beurre est ensuite aggloméré, tiré de la baratte, pétri et réuni en *mottes*.

En hiver, on chauffe la baratte avec de l'eau bouillante avant d'y mettre la crème, puis on ajoute à celle-ci du lait doux, bouillant également, pour que la fabrication du beurre s'effectue à peu près aussi rapidement qu'en été.

Lorsque la baratte est vide, on la lave avec de l'eau bouillante et des orties ; on la frotte avec de la potasse, intérieurement et extérieurement, de sorte qu'il ne reste ni odeurs, ni taches.

Une dépréciation est survenue dans le prix des beurres. Elle tient à deux causes : l'extension considérable de ce produit et la fraude. — D'autres régions nous font concurrence ; nous ne pouvons les en empêcher, mais nous devons redoubler nos soins pour conserver au beurre d'Isigny sa réputation méritée, et le maintenir au premier rang dans l'industrie beurrière.

La fraude, qui consiste à ajouter d'autres corps gras à ce produit, lui fait perdre ses qualités et amène forcément la baisse des prix : les consommateurs et principalement les cultivateurs sont victimes de la falsification opérée par les intermédiaires ; les premiers paient trop cher une denrée frelatée et les autres voient déprécier une substance qu'ils ont vendue naturelle, c'est-à-dire non additionnée de margarine ou de saindoux.

Aussi attendait-on avec impatience la promulgation d'une loi — celle du 16 avril 1897 — qui oblige les négociants à livrer sous le nom de beurre, ce qui est véritablement du beurre, et à ne pas affubler de cette appellation des mélanges à vil prix qui ne doivent être offerts aux consommateurs que pour ce qu'ils sont et pour ce qu'ils valent réellement. — Espérons que l'application de cette loi permettra aux cultivateurs de tirer un meilleur parti des trois millions de kilogrammes de beurre que produit, chaque année, l'arrondissement.

QUATRE-VINGTIÈME et QUATRE-VINGT-UNIÈME LEÇONS

BORNAGE. — BAIL. — QUITTANCE. — RÉCLAMATIONS. LOIS CONCERNANT LES ANIMAUX DOMESTIQUES, LES ENGRAIS.

SOMMAIRE : Du *bornage*. — Du *bail* à ferme (formule). — *Acte de vente* d'immeuble ; *acte d'échange*. — *Promesse, reconnaissance* ; *quittance, billet à ordre, endossement*, leur rédaction ; *timbre* ; *enregistrement* des baux et actes.

Lois du 21 juillet 1881 sur la *police sanitaire* des animaux ; du 2 août 1884 sur les *vices rhédibitoires* dans les ventes et échanges, et du 4 février 1888 concernant la *répression des fraudes* dans le commerce des engrais.

De la *prescription* : cas intéressant les cultivateurs.

Des réclamations au sujet des contributions directes. Autorités à qui l'on s'adresse, délais, forme des réclamations.

(Les modèles donnés feront l'objet de plusieurs dictées d'orthographe).

QUATRE-VINGT-DEUXIÈME et QUATRE-VINGT-TROISIÈME LEÇONS

COMPTABILITÉ AGRICOLE

Bien que le cultivateur ne soit pas astreint à tenir des livres de comptabilité comme le commerçant, il est cependant indubitable que ce travail d'écritures, qui ne demande, d'ailleurs, que peu d'instants, est exécuté par tous ceux qui ont de l'ordre et qui désirent, à n'importe quel moment, se rendre compte de leur situation exacte. C'est aussi le seul moyen que l'on puisse employer pour connaître sûrement le résultat, bénéfice ou perte, de telle ou telle branche de l'exploitation.

Cette tenue des livres sera aussi simplifiée que possible.

Voici les comptes qui pourront être ouverts :

1° *Inventaire* ; 2° *Caisse* (tous deux donnent le capital ou l'actif) ; 3° *Livre de magasin* (pour tous les produits quelle que soit leur provenance) ; 4° *Frais généraux* d'exploitation ; 5° Livre des travaux ou de *main-d'œuvre* ; 6° *Dépenses de maison* et de ménage ; 7° *Mobilier* et *matériel* (6° et 7° sont balancés par Frais généraux) ; 8° *Gros bétail* ; 9° *Basse-cour* ; 10° *Récoltes* ; 11° *Divers* (fournisseurs ou acheteurs) ; 12° *Profits et Pertes*.

Le nombre de ces comptes est variable ; il est loisible d'en ouvrir d'autres si quelques productions prédominent : *Laiterie, pommiers à cidre*, etc., de même que les Dépenses domestiques, frais généraux, assurances, main-d'œuvre, successions, pertes de bétail, de récoltes, peuvent, à la rigueur, être passés au compte des Profits et Pertes.

L'inventaire sera fait chaque année à date fixe ; les uns l'établissent au 1er janvier, d'autres au 1er mai.

Tous les comptes, avec Doit et Avoir, seront tenus sur le même registre, une dizaine de pages étant destinées pour chacun. Une ou deux heures suffiront, par semaine, le dimanche, pour qu'ils soient au courant, à condition que chaque jour, on inscrive sur un carnet de poche les opérations faites à la date de ce jour.

(Comme complément du cours d'arithmétique, faire établir une petite comptabilité, en remplaçant vers la fin de l'année scolaire, douze ou quinze leçons de calcul par la tenue des Livres).

QUATRE-VINGT-QUATRIÈME LEÇON

(RÉVISION GÉNÉRALE)

TABLE DES MATIÈRES

JANVIER

FÉVRIER

MARS

JUILLET

FIN.

www.ingramcontent.com/pod-product-compliance
Ingram Content Group UK Ltd.
Pitfield, Milton Keynes, MK11 3LW, UK
UKHW021230140726
13695UKWH00002B/861